U0934611

总策划

王朝阳

主编

陈紫云　李芹

历史编辑

李登超　马佳玉　冯明朗

高嘉鑫　吕轻侯　张嘉琪　张凯

文物故事撰写

姚方　陈雅楠　孙静　邓铭玥

张岳　李冲　蓝超良

文物图片编辑

张丽雯

创作顾问

秦博　张方

历史服饰顾问

蒋玉秋

插画

文物资料提供

编辑

席璟　徐蓉　付凤云　张颖

凯叔讲历史

凯叔——著

8

两晋

中信出版集团 · 北京

KAI
STORY
SHU
凯叔讲故事

序

读历史的味儿，攒人生的劲儿！

我第一次接触历史故事，是通过评书，最喜欢著名评书表演艺术家田连元先生说的《杨家将》。那个时候年纪还小，我以为真实的历史就是那个样儿。后来上了中学，课堂上的历史跟评书里讲的有点儿不一样，而且更多的是一串年代、人物、事件、结果、意义……这些知识点单一而枯燥，远没有评书的情节吸引人。于是，我找来史书自己读，想看看真实的历史到底什么样！什么《战国策》《左传》《史记》《汉书》等统统读了一遍，越读越觉得，史书里的历史远比评书里的故事更精彩。

历史源远流长，让我铭记在心的不是多么重大的历史事件，而是卷入历史事件中的一个个鲜活的人物。仔细想来，历史上每一个人物的出场都在上演着一幕大戏，每一个历史人物在面对抉择时做出的决定，都影响和推动着历史的进程。不仅大人物如此，小人物也是。我喜欢绕到历史人物的背后，去体察人物身处事件中的心境，去感受他的感受，去思考他的抉择，然后在史书里寻找蛛丝马迹，以佐证我的猜测和推断。这是一件很有意思的事，让我在寻找中不断地获得新知，在思考中不断地构建逻辑，这些都让我获益匪浅。

我就是这样爱上历史的。我也想把我从读史当中的收获分享给你。

所以，《凯叔讲历史》就是要给刚刚接触历史的你，讲述一个又一个活生生的历史人物，把历史事件的场景融进故事里。谁不爱听故事呢？这套书就用故事打开历史的大门，把历史有趣的一面呈现出来，把故事讲精彩，把人物讲活，让你身临其境。

这套书从夏启家天下讲到清末虎门销烟，近 300 个历史故事中的主要人物都是历史上真实存在过的，也都是有血有肉有灵魂的凡人。他们中有你熟悉的，也有陌生的；有你喜爱的，也有让你痛恨的。我希望你从他们的故事里，认识到千古名臣也有局限和失误，亡国之君也有善行和明政。这就跟世上没有绝对的好人和坏人一样，谁都有做对事的时候，也有犯错误的时候。

所以，这套书里没有标签化的语言和艰涩的历史名词，不会塑造任何一个刻板的人物形象或设置死胡同一样的情节，我希望你能无障碍地阅读，读到故事里面去，钻进人物内心去，体会历史中的那些人当时的喜怒哀乐，理解他们的思考和判断，像一个亲历者一样感受历史、触摸历史。

就像我们都知道的商纣王，他残暴不仁、荒淫无道，是商朝的亡国之君，但有多少人知道他少年时天资聪颖、孔武有力，也曾心怀抱负和理想，领兵打仗开疆拓土；唐玄宗李隆基在位前期勤于政事，任用贤明，开创了大唐开元盛世，可后期却怠慢朝政，宠幸奸佞，最终导致了长达八年的安史之乱，为唐朝的中衰埋下伏笔。历史上这样的例子不胜枚举。人是在不断成长和变化的，当人在成长而目标不长的时候，就很容易扭曲。

在读了这样的故事之后，我们一起来思考，是什么改变了他们？

再回归到我们身边的人和事，想一想，权力、财富、地位、名望是如何左右一个人的。这该是我们今天读历史最值得思考的方向，也是我从历史里学来的思考的方法。

这套书里还藏着一个很酷的组合，那便是马未都先生的观复博物馆提供的珍贵的文物故事和文物图片。最早和马先生聊起要给孩子讲历史时，我们便说，如果在每一个历史故事之后，能有一件文物佐证这段历史，那该是多么奇妙。比如讲越王勾践卧薪尝胆的故事，故事之后，马先生便展示出一柄剑，告诉你这便是当年越王勾践的剑，看这柄剑是什么样的材质，是什么样的纹路，刻有什么样的铭文，为什么保存千年而不锈且锋利异常。

当这个组合真的实现以后，我们才发现，这堪称一座纸上的历史博物馆啊！

是不是超酷！

故事包罗万象，承载万物，就像这套书，不仅有一个个历史人物的故事，也有一件件珍贵文物的故事。这些故事里，有历史常识、知识、典故，有古代的科技、文化、艺术，也有古老的智慧、朴素的哲理。更玄妙的是，故事仿佛在不断重演，却又在不断变化，推动着人类社会步步向前。

在《凯叔讲历史》的音频节目在凯叔讲故事 App 上播放量超过 3400 万次的时候，我们出版了《凯叔讲历史》这套书，期待你在静静地阅读时，读到一段一段真感情，也触发一段一段真感情——对历史人物的真感情，对逝去时间的真感情。当你见识了历史长河中的大抉择、大是非、大生死之后，定会有更开阔的眼界、更豁达的胸怀、更美好的未来。

凯叔

序

畅游历史长河，领略文物风华

“凯叔讲故事”邀请观复博物馆合作出版了一套适合儿童阅读的历史书《凯叔讲历史》，凯叔用了近 300 个独立的故事串起中国五千年的历史，观复博物馆又精选了近 300 件文物，来辅助说明历史故事。为了让孩子们愿意听，还特意请可爱的观复猫来“讲述”，这立刻让这套书变得生动起来，也为孩子们所喜闻乐见。

观复猫是观复博物馆养的一群猫，每只猫都极具个性，“各司其职”。它们每日在博物馆里迎来送往，与游客尤其是孩子发生过不计其数的故事。观复猫与主人、与文物之间，多年来形成了极好的关系，将文物变成与孩子沟通的桥梁，让他们在参观、读书之余，领略中国文物的精美绝伦，体会中国文化的玄机奥妙。

为儿童做文化产品，尤其做书，十分不易。长期以来，我们的教育形成了一个刻板的印象，打破这一印象需要新理念，需要所有人的共同努力。“凯叔讲故事”团队利用会讲故事的先天优势，讲述中国悠久的历史；观复博物馆的团队也整合了文物资源，将深奥难懂的文物抽丝剥茧地通过观复猫来一一展现。这一优质组合非常难得，也正是目前社会所需要的。

由音频故事升级为图书，让历史和文物变得鲜活和直观，并可以随时翻阅，加深印象，这对孩子无疑是个天大的好事。帮助孩子在历史的长河中畅游，在文物的森林里采撷，保持学习的兴趣，此套书身体力行，捷足先登。

是为序。

马未都

戊戌春

目录

两晋大事年表

三国

265年

司马炎篡魏，定国号晋，建都洛阳，史称西晋。

280年

西晋灭吴，三国时代结束，中国再次统一。

291年

西晋八王之乱，历时16年。

304年

五胡乱华。

316年

西晋被匈奴所灭。

西晋（约53年）

（公元265年—公元317年）

317 年

司马睿建立东晋，定都建康。中国被分成了两半。北边是五胡，南边是东晋。

353 年

王羲之作《兰亭序》。

370 年 -382 年

苻坚一统北方。

383 年

淝水之战，苻坚大败，北方再次分裂。

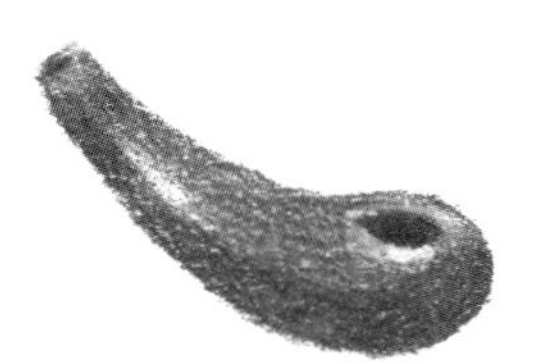

420 年

东晋灭亡：东晋大将刘裕野心勃勃，在收复北方多地后，回到建康，把东晋皇帝赶下台，建立了新的王朝。

南北朝

东晋（约 104 年）

（公元 317 年—公元 420 年）

386 年

鲜卑族拓跋珪建立北魏。

398 年

拓跋珪称帝，定国号为魏，迁都至平城（今天山西大同）。

凯叔讲历史

8

两晋

第 1 篇

最愚蠢的皇帝
何不食肉糜

266 年司马炎自立为帝，改国号为晋，史称西晋。他是西晋的第一个皇帝。而这个故事中的主人公是西晋的第二个皇帝，也就是晋惠帝司马衷。

晋惠帝继位没多久，天下就发生了饥荒，一时间饿殍[1]遍野、尸塞于道，就连都城洛阳附近的村落，也遍地是灾民。

一天，一队官兵气势汹汹地冲进村子。灾民们吓坏了，

① 饿殍（piǎo）：饿死的人。

以为官兵要抓他们去服徭役[1]。没想到，这队官兵非但没有为难他们，还给他们粮食、衣服，帮他们盖房子、修道路。只用了一天的工夫，整个村子焕然一新。

村民们丈二和尚摸不着头脑，心想："官兵对咱老百姓动不动就恶言恶语，能不闻不问就已经是万事大吉了，怎么突然间转性子了？这里面一定有诈。"

一个姓赵的老汉壮着胆子，走到站岗的官兵面前，问道："这位官爷，请问我们这儿要出什么大事吗？"

官兵瞪了赵老汉一眼："少管闲事！给你吃，你就吃；给你穿，你就穿。多嘴多舌，小心被杀头。"赵老汉吓得一缩脖子，不敢再问了。

第二天一大早，赵老汉发现村子里来了很多陌生的商贩。这些商贩在街市上大声叫卖，显得非常热闹。

日上三竿，一队金甲武士冲进了村子，封锁了街道，每个路口都有人把守，他们下令除了商贩，其余人一律不许上街。

过了一个时辰，一辆六匹马拉着的车在金甲骑兵的簇拥下，驶进了村子。当时，只有皇帝才能坐六匹马拉的车。坐在这辆车里的正是晋惠帝司马衷。

原来，他在宫里听说外面闹起了饥荒，想知道百姓的生活到底是什么样子，于是传下命令，要到民间视察。

---

① 徭（yáo）役：古时候统治者强制百姓承担的无偿劳动。

此时晋惠帝坐在车里，看着外面房屋整齐、街道干净，市集上的商贩络绎不绝，一派欣欣向荣的景象，心想："谁说有饥荒？老百姓不都安居乐业吗？看来是朕多想了。"

当天晚上，晋惠帝住在一间民房里，想体验一下老百姓的生活。晋惠帝见这间房子虽然不如皇宫繁华，但生活用品应有尽有，不禁点头："看来百姓们的温饱问题已经解决，朕也就放心了。"

深夜，晋惠帝正在熟睡，突然听到外面隐隐传来奇怪的声音："呜呜——呜呜——"

他马上睁开眼睛，坐了起来，问身旁的侍者："这是什么声音？"

侍者仔细听了听："启禀陛下，好像有人在哭。"

晋惠帝马上来了精神："一定是百姓遇到了困难。快把这个人带来，朕要为他解决困难。"

"遵旨。"

"等一下，不要向那个人暴露朕的身份。"晋惠帝吩咐道。

"是。"

不一会儿，侍者便把一个面黄肌瘦、眼窝深陷的人带了进来。这个人正是赵老汉。

赵老汉深夜啼哭是因为一个噩耗——他嫁到邻村的女儿两天前饿死了。女儿死前，还怀着身孕，一尸两命。赵老汉抑制不住心中的悲伤，深夜痛哭起来。村子不大，再加上夜深人静，哭声就传到了晋惠帝的耳朵里。

赵老汉被带到晋惠帝的面前。他并不知道眼前这个人就是皇帝，于是就一五一十地把自己悲惨的经历告诉了晋惠帝。

晋惠帝一脸诧异："饿了就吃饭，怎么还会饿死呢？"

"哪有粮食啊！我们连草根、树皮都快吃尽了。昨天来了很多官兵，只给我们每个村民一天的粮食，吃完就没了。用不了多久，我们也会像我那女儿一样，饿死在这儿。也好，饿死老汉我，我就上那边儿找我闺女去。"

晋惠帝听完，也伤心地流下了眼泪。他一边擦泪一边对赵老汉说："老人家，朕……我知道你的困难了。我一定让你吃上饭，不再挨饿。"

第二天天一亮，晋惠帝就摆驾回宫了。回到皇宫，他做的第一件事就是召集满朝的文武官员。

这些官员听说皇帝私下召见了当地的村民，以为他已经知道街市商贩往来、百姓丰衣足食都是事先安排好的"表演"，自知犯了欺君之罪，赶忙跪倒在地，请晋惠帝法外开恩。

"臣等罪该万死，请陛下恕罪。"

"臣等那样做，也是怕陛下担心。"

没想到，晋惠帝反倒自责起来："朕身为一国之君，怎能置百姓的疾苦于不顾？你们说，百姓没有粮食吃，该如何是好？"

官员们面面相觑，接连摇头。

晋惠帝双眉紧皱："物以稀为贵，多为贱。百姓们没有米饭吃，那为何不食肉糜[1]呢？"

官员们当时全愣了。

"陛下，您的意思是——"

晋惠帝似乎想到了一个好办法，猛地一拍膝盖："对！百姓们没有米饭吃，但可以喝肉糜啊！"

官员们一开始以为皇帝陛下在开玩笑，但是看到他一本正经的样子，突然意识到，皇帝是认真的。

原来在皇宫里，肉糜是晋惠帝觉得最难以下咽的食物。在他看来，百姓们一定是因为不愿意吃难吃的肉糜，才会挨饿。但他哪里知道，百姓们连米和菜都吃不上，更何况是吃肉。

官员们可不管这些，只管奉承，眼见皇帝开口说了话，连忙大呼："陛下圣明，这真是利民之良策，臣等定当竭力去办！"

晋惠帝对自己出的主意很满意，点了点头："虽然肉糜难以下咽，但毕竟可以充饥。百姓们吃饱了肚子，你们要引导他们勤劳耕作，多读圣贤书，定能帮助他们摆脱贫困。朕相信用不了多久，就会重现盛世景象。"

晋惠帝说完，便满意地宣布退朝了。在晋惠帝的

---

① 肉糜：煮烂或糊状的肉。

眼里，肉贱粮贵，肉多粮少。可他哪里知道，在那个战乱频繁、天灾不断的时代，老百姓们连填饱肚子的米糠（kāng）都没有，哪里还谈得上读书、学习、吃肉。同一片天空下，晋惠帝和老百姓看到的从来不是同一个世界。

这样一个愚蠢糊涂的皇帝，最后的结局自然也十分不幸。在八王之乱中，晋惠帝被诸王辗转挟持，成了一个傀儡（kuǐlěi），受尽凌辱。公元306年，他在洛阳显阳殿驾崩。相传是被毒死的，终年四十七岁。也不知，他死之前，是否吃上了一碗肉糜。

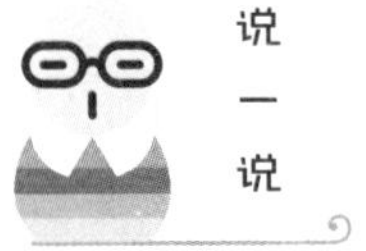

晋惠帝为什么会问何不食肉糜？作为皇帝应该怎样关心百姓？

第 2 篇

流浪汉建立的国家

李特的流民大军

晋惠帝昏庸无能。他在位时发生了中国历史上最为严重的皇族内乱之一——八王之乱。一时间，八个诸侯王为争夺中央政权相互杀伐，搅得天下大乱。再加上接连不断的天灾，百姓穷困潦倒，被迫离开自己的故乡，成群结队地逃荒。这种居无定所、流浪逃荒的老百姓被称为流民。

298 年，关中地区，即现在的陕西省中部，闹了一场大饥荒，十几万流民逃荒到蜀地，也就是现在的四川。一个叫李特的氐族[1]人在西蜀的绵竹城外，设立了一个营地，专门收容这些无家可归的流民。不到一个月，营地里的流民人数就达到了两万。

一天，李特在营地里给流民们分粥，他的助手阎式拿着一张告示，急匆匆地走了过来。

“李兄，益州[2]官府张贴了告示，限流民们在月底之前，全部返回关中。”

李特心头一颤，说：“如今关中之地寸草不生，百姓们回去，岂不是自寻死路？我现在就去见益州刺史，请他收回成命。”

阎式一把拉住李特：“李兄收容流民，官府相当介意。不如让我代您前去，向刺史大人说明利害。”

“那就有劳贤弟了。”

就这样，阎式代表李特，来到了益州刺史罗尚的府邸。阎式对罗尚说：“刺史大人，如今天灾不断，民心不稳，如果急于将流民遣送回去，怕是要引发动乱，请大人三思。”

---

① 氐（Dī）族：我国历史上一个重要的民族，南北朝以后逐渐融合于汉族之中。

② 益州：四川一带古地名。

刺史罗尚没有说话，一旁的都尉[1]曾元开了口：“朝廷在益州驻扎了十万大军，还怕流民造反不成？”

“百姓虽然卑弱，但却不可轻视。现在聚集在蜀地的流民，不下十万，若是犯了众怒，恐怕也为祸不浅。”阎式答道。

“你敢威胁大人，我现在就带兵去剿灭那些流民！”曾元说着就要动身。

刺史罗尚一拍桌案：“曾元，你住口！本官岂能向手无寸铁的百姓下手？阎式，你回去告诉那些流民，本官放宽期限，准许他们在这里再住三个月。”

阎式离开刺史府，经过校场的院外时，听到里面军队的操练之声，不禁一怔。

他回到营地，把罗尚的话转告给李特。

李特沉吟半晌，问道：“刺史的话，靠得住吗？”

“我经过校场的时候，隐隐听到里面有操练声。罗尚的话，不能轻信，咱们得防备偷袭。”

李特点点头：“防人之心不可无。”

李特马上把流民中的青壮男子组织起来，布好阵势，

---

① 都尉：古代武官名。

进行了简单的训练，准备抵抗晋兵的袭击。

正如阎式所料，罗尚果然耍了手段。他表面上说准许流民再住三个月，其实是有诈，为的是让流民们放松戒备。就在当天晚上，他命都尉曾元带了三万精兵，偷袭李特的大营，试图将里面的流民赶尽杀绝。

临行前，罗尚给了曾元一支响箭，对他说："你带兵到李特的大营之外，放出这支响箭，定会有人接应你。"

曾元接过响箭，带领三万兵马，以迅雷不及掩耳之势，来到了李特的流民大营外。此时，营地里面却鸦雀无声，曾元心里不禁疑惑："难不成这营地里有埋伏？"他取出罗尚给他的响箭，弯弓搭箭，射向天空。

过不多时，一旁的树林里钻出一个人来，居然是一个衣衫褴褛的流民。曾元的手下一惊，几个士兵本能地弯弓搭箭，对准了他。

这个人吓得举起了双手："自己人，别放箭！"

曾元一挥手："放他过来。"

流民奔到了曾元的马前，跪倒在地："小人是奉了刺史大人之命，潜伏在流民内部，打探消息的。李特白天已经做好了准备，在这里虚设营地，其他流民都已经埋伏在四周，只等您带兵杀入，他们再从外面包围。”

“什么？”曾元倒吸了一口凉气，“幸亏我刚才没有贸然杀入，不然就中了李特的诡计。李特现在何处？”

“他刚才命我们继续埋伏，然后就回了大帐。”

“他的大帐在何处？”

流民冲着树林的东方一指：“在那边，我带您过去。”

曾元灵机一动，对旁边的副将说：“你带兵继续在这儿驻扎，吸引周围的流民。我带一队人马去偷袭李特大帐，生擒他。到时流民群龙无首，只能任我宰割！”

“将军高见。”

就这样，曾元带了一队人马，在那个叛徒流民的带领之下，绕到了树林的东方，果然看到那里驻扎了一排营帐，营外只有几个流民在巡逻。

叛徒流民指着最大的那座营帐，对曾元说：“那就是李特的大帐。”

曾元脸上露出了笑容：“李特，今天就是你的死期！”他一挥手：“弟兄们，随我杀进去，生擒李特！”曾元带着手下，冲进了大帐。

在营外巡逻的几个流民见势不妙，一哄而散。曾元不费吹灰之力，就直取中枢。进了大帐后，他发现李特正合眼躺在床榻上休息。

他刚要走近，李特的眼睛睁开了，缓缓地坐起来："曾都尉，我在这里恭候多时了。"

曾元顿时僵在那里，心想："怕中计了。可是，我身边有人马，而李特只有一个人，况且他指挥的也不过是一些乌合之众。大帐之中，五步之内，如果他有什么异动，我顿时就可以斩杀。"想到这儿，他把剑往前一指："李特，你乖乖束手就擒，我饶你不死！"

李特非但没有惊慌，反而大笑起来。

"死到临头，你还有心发笑？"

"死到临头的是你曾都尉！"

李特的"都尉"二字刚出口，曾元就听帐外传来一片惨叫之声。这时，他的一个手下浑身是血地冲进大帐："将军，有无数流民杀了过来，我们中计了！"

曾元顿时心神慌乱。就在这时，李特飞起一脚，啪一声，把曾元手中的佩剑踢上空中。曾元没了兵器，挥手打向李特。李特一闪身，躲过拳头，顺手接过掉下来的佩剑，手起剑落，咔嚓一声，砍向曾元。

曾元的手下见首领被杀，都放下兵器投降了。

原来，这一切都是李特和他的助手阎式的计谋。他们派了一个流民，向刺史罗尚诈降，由此使用反间计，将曾元引进埋伏圈，一举歼灭。

驻扎在李特大营对面的官兵们一直等着曾元的消息，可是左等右等也不见消息传来。官兵们正在焦急的时候，突然看到有人从树林里扔出来一个黑黢（qū）黢的东西。副将上前，拎起那东西一看，不禁大吃一惊——原来这是曾都尉的人头。

就在这时，四周响起了一片震耳的锣鼓声。

无数的流民手拿棍棒，一起杀了出来。这些流民异常勇猛，都豁出了性命，以一当十。因为他们知道，今天不拼命，就活不到明天了。官兵本来就怕死，又看到曾元的人头，顿时没了斗志，转瞬之间，被流民们杀得丢盔弃甲，四散奔逃。

流民杀退了官兵之后，料到朝廷不会善罢甘休，便一致推举李特为首领，带领他们，抗击官府的追杀。

就这样，李特带领他的流民大军，攻下了附近的广汉城。进城之后，他又学习汉高祖刘邦，宣布约法三章，打开官府粮仓，救济当地的穷苦百姓，赢得了民心。

后来李特战死沙场，他的儿子李雄继续率领流民战斗。

到了306年，李雄自立为帝，国号大成。李雄的侄儿李寿在位时，改国号为汉，历史上称为成汉。成汉的疆域和东晋并立，并一直以西蜀为根据地向外扩张。

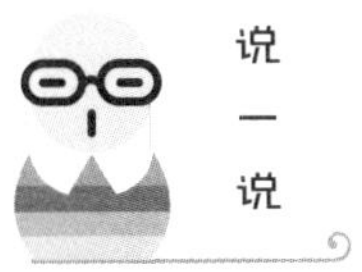

如果你是当时朝廷的官员，你会怎样对待那些流民呢？

第 3 篇

竹林中的七个怪人（一）
阮籍和嵇康

西晋时期有一个非常著名的朋友圈——竹林七贤。他们是当时一群有名的风流雅士，也称为隐士。竹林七贤分别是阮（Ruǎn）籍、嵇（Jī）康、山涛、刘伶、阮咸、向秀、王戎。因为他们常在山阳县的竹林畅饮聚会，所以得名“竹林七贤”。本篇故事将介绍其中的两位。

阮籍，字嗣宗，是竹林七贤当中的领袖级人物。他的父亲叫阮瑀（yǔ），是“建安七子”之一，也是一位大才子。在阮籍三岁那年，父亲去世了，母亲一个人将他抚养长大。他虽家室清贫，但是极有天赋。据说，他八岁就写得一手好文章，弹琴吹箫、习武击剑，无一不精。他富有才华，声名远播，是文人名士的代表。大将军司马昭曾想尽办法拉拢阮籍，因为如果获得阮籍的支持，那么很多世家大族也会自动地归顺他、辅助他。

司马昭屡次派自己的亲信大臣钟会，去阮籍家求亲。可是钟会每次看到阮籍时，他都是醉卧酣睡。不得已，司马昭只得亲自登门，还带上了解酒药。

烂醉如泥的阮籍，喝下了司马昭的解酒药，恢复了几分神志，晃晃荡荡地站起来想要叩拜，司马昭忙把他拦住："阮先生，不必拘礼。我有意为犬子说媒，想让犬子娶您的掌上明珠为妻。倘若你我能够结为亲家，这些俗礼永远都可以免了。"

"礼？对对对，不能失礼于人。来，拿酒来，我要与司马大人痛饮几杯！"

"不不不，阮先生，我有要事要说。"

"好好好，你说，你说，说……"说着，阮籍又睡着了，把大将军司马昭晾在那里。

司马昭瞪了他片刻，只得摇摇头走了。

在接下来的两个月中，司马昭又多次登门。而这位阮籍，天天都把自己灌醉，没有一天是清醒的。司马昭根本找不到机会交谈，只得放弃结亲这件事。

其实阮籍是故意的。他连醉了六十日，愣是把结亲之事稀里糊涂地躲了过去。他不愿意与司马昭正面冲突，但是更不愿意与司马昭为伍。

不久，司马昭逼着皇帝封自己为晋公，还强迫阮籍写一篇劝进文，以歌颂他的功绩。

阮籍自然不愿意写这种阿谀奉承的文章，更何况这时他的知己嵇康，已经被司马昭处死。于是，阮籍又想故技重施，天天酗酒，把这事躲过去。

然而，司马昭已经失去了耐心。每过半个月，钟会便上门取稿，他似笑非笑地拱手说道："阮大人，我来取劝进文。这次可该写好了吧？"

阮籍满身酒气地挥挥手："还没有。钟大人，你看我这样，如何写得了？要是司马大人着急要，就另寻他人吧。"

一听这话，钟会神色一凛，但依然面带微笑地说："阮大人，今天我奉司马大人之命必须带回此文，否则小人只有带令公子去司马大人府上做客，直到大人写出来为止。您看如何？"

这段话是在暗示阮籍：你如果不把这篇文章写出来，

我就要了你儿子的命。这简直是赤裸裸的威胁。

阮籍没办法，只好让钟会等着，自己进了书房，开始磨墨。墨已磨好，他铺开布帛，一手握笔，一手持酒，压下心中的悲愤抑郁，深深地吸了一口气。

眼含热泪的阮籍，执笔挥毫，一口气写完了劝进文，扔给了钟会。

钟会草草扫了一遍，赞道："好文章！文笔清丽、气势雄壮，司马大人定会重赏！"钟会刚一离开，阮籍便吐出一口鲜血，丢掉笔，号啕大哭。

当天傍晚，斜阳西下，天幕低垂。

阮籍拎着半壶酒来到了嵇康的墓前。旷野里狂风呼啸，阮籍瘫坐在地上，对着嵇康的墓喃喃说道："我知道，你若活着，定不会怪我为杀你之人写劝进文。但我若继续留在世上，必然要为那些奸贼乱党所用。如此一来，歌颂叛党、欺骗世人，我手中握着的笔与那奸贼手中之刀剑有何区别？"

一个月之后，一代才子阮籍终于因为终日嗜酒，又拒绝求医，离开了人世。

这位被阮籍视为知己的嵇康又是谁呢？

嵇康是竹林七贤中的美男子，他身材高大，气概非凡，风姿绰约。他的好友山涛形容他：“嵇叔夜之为人也，岩岩若孤松之独立；其醉也，傀俄（guīé）若玉山之将崩。”意思是，他站着就像是一棵挺拔的孤松；他喝醉了，摇摇晃晃，像一座玉山将要倒下的样子。

嵇康还是一流的文学家，诗写得好，散文写得更好。他还是一流的音乐家，琴技出众。除此以外，他还是一流的书法家和思想家。如此才貌过人的嵇康，却因为太过耿直、刚烈，得罪了司马昭的心腹钟会。

一天，嵇康与好友向秀在院里打铁，司马昭的亲信钟会带着一群人，衣着华丽，乘着高轩驷马[①]来到了嵇康家。嵇康知道有人进了院子，却不抬头，因为他打心眼儿里看不起钟会。过了半晌，钟会觉得实在无趣，转身要离开。

就在他转身要离开的这一瞬间，嵇康头也不抬，冷冷地问了一句：“何所闻而来，何所见而去？”意思是，你听说了什么你就来，你看着了什么你就走？

钟会气愤至极，也回答了一句：“闻所闻而来，见所见而去。”意思是，我听说了我听说的东西才来，我看到

---

①高轩驷马：贵显者所乘的车马。

了我看到的东西就走。

嵇康问得犀利，钟会答得高妙。两个人都是顶尖高手，高来高去，针锋相对。

从此，钟会便开始记恨嵇康，对嵇康的鄙视耿耿于怀。

后来，嵇康因为朋友牵连被捕入狱，钟会向司马昭进谗言："今不诛康，无以清洁王道。"意思是，您今天不杀了嵇康，恐怕您在称王称帝的路上会有很多障碍。最终司马昭下定决心杀掉了嵇康。

嵇康有一个好朋友，也是竹林七贤之一，他就是山涛。

山涛当时在司马昭帐下任大将军从事中郎①，他曾经想荐举嵇康做自己的官位，因为他认为嵇康比他优秀。

但是嵇康知道这件事后，突然写了一封绝交书，这就是历史上非常著名的《与山巨源绝交书》。他拒绝山涛的引荐，指出了人各有所好，而自己不愿意接受礼法的约束。他与山涛彻底绝交了，可是在他死前，居然又把自己年仅十岁的儿子嵇绍，托付给了已经绝交的山涛。

因此，嵇康写给山涛的那封绝交信，与其说是写给山

---

① 从事中郎：中国古代官职。主要职责是管理车、骑、门户，担任皇帝的侍卫和随从。

涛的，不如说是写给司马昭的。他要告诉司马昭，他身边的山涛与他嵇康不是一样的人，他不想因为自己而连累好朋友。他的这封《与山巨源绝交书》，实际上是为了保护山涛所作。

山涛也不辱使命，不仅把嵇绍抚养长大，而且推荐他出来做官。在八王之乱中，嵇绍为保护当时的司马皇帝被杀害了。说起来，这也是一种渊源。嵇康一生不屈服于司马家，而他的儿子却成了司马家的忠臣，甚至为司马家而死。

嵇康在临刑前，从容不迫地拿过一把琴，弹了一曲《广陵散》[①]，这是古琴曲里面最著名的一支曲子。

嵇康弹完后，叹了一口气："广陵散于今绝矣。"意思是，我死之后，恐怕这首古曲就要失传了。一曲弹罢，他从容赴死，年仅四十岁。嵇康也是竹林七贤当中最早离世的一位。

嵇康忠于曹氏，山涛忠于司马氏。这两者政见不同，选择也不同，但是并不妨碍他们成为好朋友。嵇康是一个

---

①《广陵散》：又名《广陵止息》，是中国古代一首大型琴曲，中国音乐史上著名的十大古琴曲之一。

疾恶如仇，眼睛里容不得半点灰尘的人，最终做了烈士；山涛却是一个气度宽宏、和光同尘的人，最终平顺地度过了一生。

你更欣赏像嵇康这样的人，还是像山涛这样的人？生活中，你会选择跟什么样的人做朋友呢？

第 4 篇

竹林中的七个怪人（二）
王戎和刘伶

王戎是竹林七贤当中年龄最小的一位，但是有志不在年高，童年时期，他就表现出异于常人的聪明与胆魄。

有一次，王戎和几个小伙伴在路边玩耍，看见路边的李子树上结满了果实，几个孩子流着口水，跃跃欲试。

“来来来，大家托我一下。”一位小孩率先爬上树干。

“别跟我抢，最大的那个是我的。”其他人也捡起路边的树枝，开始敲打果实。孩子们一个个争先恐后，只有王戎安静地站在路边，抬头看着大家。

“王戎，你傻站着干什么？再不过来，一会儿而可没果子吃了。”

王戎听了，微微一笑：“这种果子，给我我也不吃。”

大家不再理他，继续摘果子。一个小孩儿摘下李子咬了一口：“哎哟，呸呸呸！苦死了，苦死了，又苦又涩。”其他人也咬李子，发现都是苦的，纷纷抱怨。

“王戎，你是不是知道李子是苦的，所以才不吃啊？”

王戎点点头：“你们也不想想，这棵李子树，长在大道旁边，伸手就可以摘到果子，竟然此时还能果实累累。果子如果好吃，早就被人摘光了，还轮得到我们吗？所以我推测，这些李子，肯定是又苦又涩，难以下咽。”大家听了王戎的话，佩服得五体投地。

“巧识苦李”展现了王戎细致的观察力和冷静的思考能力。除此以外，少年王戎还很有胆量。

有一年，元宵灯会，魏明帝搜集了几只老虎，摆在街市上供老百姓观赏。街上人山人海，蜂拥的人潮使老虎受了惊。突然间一只老虎吼叫起来，其他的老虎也跟着一起长啸。老百姓吓坏了，本能地掉头就跑。人潮就像是海潮，哗地涌上来，又瞬间退下去。只有一个七岁的小孩，在人潮退后，依然背着小手，抬头看着老虎，面不改色心不跳。大家以为这小孩吓傻了，但是他的神色又非常镇定。后来，魏明帝问他：“你为什么不害怕呢？”

“有什么好怕的？老虎被人关在笼子里，我在笼子外，它已经是阶下囚了，我不怕。”

这个小孩正是王戎。俗话说三岁看老，王戎从小便有如此胆识，长大后率领大军平定东吴，封侯拜相，也是顺理成章之事。

之前介绍的嵇康、阮籍、王戎，都是世族大家出身，家中世代为官。可同为竹林七贤的刘伶，家里却一穷二白，自己也只是一个小官。刘伶不但最穷，而且长得也最丑。据史料记载，竹林七贤里面，嵇康长得“风姿特秀，龙章凤姿”①；阮籍则“容貌瑰杰，志气宏放”②，再看刘伶，长得“貌甚丑陋，刑如土木”③。但就是这么一个人，凭借他的才能与风度，在魏晋时期留下了绚丽有趣的一笔。

喝酒是魏晋文人最大的爱好，刘伶是酒鬼中的酒鬼，他把这个爱好发挥到了极致。他每一次出去玩，身后都带着一个扛着锄头、挑着酒葫芦的小兵。刘伶跟小兵说：“如

---

① 风姿特秀，龙章凤姿：比喻风采出众。

② 容貌瑰杰，志气宏放：相貌出众、志气远大。

③ 貌甚丑陋，刑如土木：面貌丑陋憔悴、行为放荡轻忽，形骸如土木一般。

果我在路上醉死了，你挖个坑把我埋了就好。”

有一次，一个朋友来看他，推开屋门，吓了一跳。只见刘伶一丝不挂，光着屁股，斜倚在榻上喝酒。朋友先是一脸诧异，接着便哈哈大笑：“我说刘伶啊，你好歹也是一介文人，怎么这么不知礼数。”

刘伶说：“怎么是我不知礼数，明明是你不知礼数。这天和地就是我的房子，我的房子就是我的裤衣，你怎么不打招呼就钻到我裤子里来了？”

刘伶这辈子不只喜欢喝酒，也写了不少诗文，只可惜流传到后世的不多。他最著名的一篇文章是《酒德颂》，内容也跟酒有关。他写了一位大人先生，这位大人先生特别爱喝酒；有人去找刘伶辩论，他就把喝酒的美妙之处，借着这篇文章都说出来了。他流传后世的诗，也只有一首。这首诗也和酒有关。有一天，刘伶的妻子觉得他喝酒太多，怕伤身体，就苦劝他戒酒。刘伶说：“戒酒这么重要的事，你得先给我摆一桌子酒席，让我向上天祈祷，祈祷之后我再戒酒。”刘伶的妻子一听，说：“行，只要你戒酒，别说一桌酒席，五桌十桌都可以。”于是就把酒席办好了。

刘伶坐在酒席之上，写了一首祈祷诗：“天生刘伶，以酒为名，一饮一斛（hú），五斗解（jiě）酲（chéng）。妇人之言，慎不可听。”意思是，老天生了我刘伶，因为爱酒才有大名声。一次喝一斛，要喝五斗酒来解酒。妇道人家的话，可千万不能听。说罢，他拿起供桌前的酒肉，开始大吃大喝。当然，酒最终也没戒成。戒酒的祈祷词，成了喝酒的理由。这就是天下第一大酒鬼刘伶的故事。

刘伶醉酒看似荒诞、颓废，但其中其实隐藏着他对当时世道的不满。像他这样的才子，要想谋一官半职，其实非常轻松。但是，他每天以酒为伴，就是想告诉当政者，我刘伶宁可醉死在酒里，也不愿意与你们为伍。刘伶可以说是竹林七贤里边最有幽默细胞的一位，他的一生几乎都是行为艺术。

其实竹林七贤中每一个人都非常有个性。他们行歌纵酒，其实就是表达他们对于这个世道的态度，当然这种态度也会改变。这七贤当中，有一些人一直自成一统，与世隔绝，追求自己内心的宁静和高贵。比如，嵇康宁折不弯，从容赴死；阮籍爱憎分明，假意周旋；刘伶饮酒装疯，佯狂避世。当然，他们当中也有人最终选择和这个世界和解，把自己融入这个世界当中，比如王戎、阮咸、向秀、山涛。他们最终决定出仕为官，建功立业。时过境迁之后，一天，王戎路过竹林七贤曾经一起畅饮的酒垆，发出了一声感叹：“当时欢景，邈若山河。”此时此刻，嵇康、阮籍都已经去世了，竹林七贤再也聚不齐了。

如果你是竹林七贤当中的任何一个人，你会做出什么样的决定呢？是选择继续隐居呢，还是像王戎、向秀、山涛、阮咸一样，出仕为官，建功立业呢？

第 5 篇

一个姓刘的匈奴皇帝

汉帝刘渊

本篇故事的主人公是一位匈奴皇帝，他的名字叫刘渊。匈奴人的姓与常见的中原姓氏不同，比如王昭君和亲的匈奴单于叫作呼韩邪（yé）。那么，这位匈奴皇帝为什么姓刘呢？

这是因为，从汉高祖时期开始，汉匈两国多次和亲，双方约为兄弟。匈奴贵族于是认为："我们身上也都会有汉室皇族的血脉，也可以是汉室皇族的后代。"所以，到了刘渊父亲这一代，就改匈奴姓为刘姓。

三国时期，曹操统一了北方，把匈奴三万个部落分为了匈奴五部，即左右、南、北、中五部，每部都由一个部帅统领。匈奴贵族刘豹就是其中左部的部帅。

刘豹的儿子就是刘渊。刘渊身材魁梧，体力超群。他不仅武艺高强，而且酷爱读书，尤其喜欢读《左传》和《孙子兵法》，可谓文武双全。刘豹死后，刘渊承袭父位，成了匈奴五部之中左部的部帅。

后来，刘渊得到成都王司马颖的重用，屡立战功。司马颖上奏朝廷，让刘渊镇守邺（Yè）城，同时成为匈奴五部名义上的总部帅。

一天夜里，刘渊正在月下舞剑，突然看到一个蒙面人翻墙进了院子。

"什么人？"刘渊拔剑而上，剑指蒙面人的前胸。

那人摘下面巾："姑父，剑下留人，是我！"

他定睛一看，原来这个蒙面人是他妻子的侄儿呼延攸。

刘渊一愣："你不把守左国城，鬼鬼祟祟来这里干什么？"

呼延攸从怀里拿出了一封信："我奉左贤王之命，给您送封信。"

这左贤王是刘渊的堂祖父，在匈奴贵族中年纪最长，威望最高。看来这封信的分量也不小。

刘渊打开信，看完之后，当即把信揉成了一团，放进嘴里，嚼了几下后，吞进了肚子。

刘渊如此紧张，是因为信中的内容事关重大。

这封信的大概意思是说，自汉朝灭亡以来，魏、晋继而兴起。如今匈奴的贵族，只剩下空虚的名号，连一尺土地的基业都不再拥有，与平民没什么区别。现在，他们晋朝的司马氏骨肉相残，天下一片大乱，正是匈奴建立国家、复兴祖业的大好时机。匈奴五部的贵族现在就在左国城集会，已经达成了共识，一致拥护你刘渊为首领，请你带领大家，复兴匈奴的基业。

这是一封让刘渊造反的信，若是让司马颖知道，刘渊非死不可。他这才第一时间毁了这封信。

一旁的呼延攸说："姑父，您现在就跟我一起回左国城吧。”

刘渊摆摆手：“虽然我早有此志，可是眼下时机并未成熟。若是我贸然离开邺城，定会让司马颖怀疑。这样，你先回左国城，集结五部兵力，做好准备，等我消息。”

“遵命。”

刘渊是个做事谨慎的人。天一亮，他就来到了成都王府，拜见司马颖。

“属下昨夜梦到了先父，他向属下埋怨，说在地下住得不舒服。属下想回到左国城，挑选福地，为先父重新下葬，请殿下准许。”

司马颖点点头：“你一片孝心，本王成全你，快去快回。”

“谢殿下。”

刘渊出了成都王府，像是出笼之鸟、入水之鱼。他回到自己的府邸，收拾好行装，骑上高头大马，来到城门前。他刚要出城，身后突然传来了呼叫声音：“刘将军留步！”

刘渊一愣，回头望去，只见司马颖手下大将王斌飞奔而来。

“成都王有命，请刘将军回去议事。”

刘渊心里一惊，预感到事情有变，恐怕不会像想象中那么顺利。

果不其然，他回到司马颖的府邸，司马颖就拉着他的手，皮笑肉不笑地说：“刘将军，现在兵凶战危，镇守邺城，少不了刘将军啊。葬父之事，稍缓几日，刘将军不会介意吧？”

一听这话，刘渊心里明白了，司马颖这是改变主意，不放他走了，看来已经对他起了疑心。

可司马颖为什么突然之间改变主意呢？

原来刘渊刚刚离开成都王府，大将王斌就向司马颖汇报了军情。司马颖随口把刘渊要回左国城的事，告诉了王斌。王斌一听，连连跺脚：“殿下，这刘渊放不得啊！他是匈奴人，非我族类，其心必异。您若放他回去，匈奴五部就不在您的控制之中了，这等于放虎归山啊！”

王斌的话提醒了司马颖。他马上命令王斌追回刘渊，并且派人密切监视刘渊的一举一动。

刘渊的计划只能暂时作罢。接下来的日子里，他再也没有提起这件事，但是心里却没有放弃回到左国城的想法。他一直在等待机会，功夫不负有心人，没过多久，这个机会来了。

当时有个安北将军，名叫王浚。他联合了鲜卑族①和乌桓族②的人，一起出兵攻打司马颖。司马颖闻讯，马上召集手下，商议对策。

刘渊心中一喜，上前说道："殿下，鲜卑、乌桓两族的人骄横、残暴，加上他们的士兵有十万之众，而我们现在的兵力，恐怕难以抵挡。请殿下准许属下回到左国城，调动匈奴五部人马，一起抗敌。"

"这个——"司马颖心想，"我放你去匈奴，你回去之后还能回我的邺城吗？可是事到如今，兵力确实不够，

---

① 鲜卑族：是继匈奴之后在蒙古高原崛起的古代游牧民族，为魏晋南北朝时期对中国影响最大的游牧民族。

② 乌桓族：中国古代民族之一，也作乌丸，原与鲜卑同为东胡部落之一。

我该如何退敌呢？”

就在这个时候，大将王斌上前说道：“敌军虽然人多，但都是乌合之众。属下愿带兵，去退敌军。”

“好，你打退敌兵，本王重重有赏。”

就这样，王斌带兵出击，阻挡王浚的大军。谁知，他上午才出发，傍晚就有探马来报：“启禀成都王，王斌将军被敌兵包围，请派援兵。”

“这可如何是好！诸位，你们谁愿带兵，去支援王将军？”

两旁大将鸦雀无声。

此时，刘渊又上前一步，说道：“属下愿往！”

司马颖内心很矛盾，如果派刘渊带兵前去，怕他手握重兵、立了战功之后，再难控制；可若想转败为胜、成功解围，只有刘渊是眼下最合适的人选了。

“也罢，两害相权取其轻，先解决眼前的危机，走一步看一步吧。”

于是，司马颖命刘渊带着一队人马，出了邺城。此时，天渐渐地黑了下来。刘渊带兵正往前走，就听到前方传来一片喊杀之声。他举目远眺，只见前方灯球火把、亮子油松，照得亮如白昼。一队鲜卑族的士兵骑着高头大马，手舞长矛，正对王斌率领的晋军进行围剿。一个又一个的晋国士兵被鲜卑士兵挑落下马，哀号之声响彻大地。

刘渊带来的兵士看到此番景象，都吓得不敢前进。

刘渊见此情景，大喝一声："拿弓箭来！"

小校[①]拿过弓箭来，刘渊力开三石硬弓，搭箭填弦，瞄准了百步之外的鲜卑首领，"吧嗒——"一箭射去，"砰"的一声，正中鲜卑首领的后心。

刘渊这一箭，使得手下兵将士气大振。他高喊一声："敌军首领已死，弟兄们，随我杀！"带着将士们，冲了过去。

鲜卑士兵见首领落马，顿时群龙无首，慌作一团。又见敌军援兵杀到，顿时一片大乱。

刘渊救出了王斌，正要乘胜追击，见远处敌人的大队

① 小校：古代兵士，一般是军队中职位低级的军官。

人马碾压过来，只得下令退兵。

刘渊、王斌退回到邺城，马上来见司马颖。

刘渊说："敌军势大，只有匈奴五部才能抗敌。请殿下准我去左国城搬救兵。"

"这个——"

"等到敌军围城，属下可就出不去了，请殿下尽快定夺。"

此情此景，司马颖除了相信刘渊，别无他法。不管刘渊是一根救命稻草，还是最终插向自己的那把匕首，此时，他已经没有任何选择权了。

"刘将军，你去吧。"

就这样，刘渊连夜出了邺城，快马加鞭，赶到了左国城。他集合匈奴五部，凑齐了五万人马，正准备去救援司马颖。前方传来战报，说司马颖兵败逃亡，邺城被鲜卑人占领。

刘渊沉吟片刻，对众人说道："自古没有永恒不朽的帝王。大禹出自西戎，周文王生在东夷，只要有德就能得天下。汉有天下长久，恩德已结于人心。我与汉室曾约为兄弟，如今哥哥已亡，我这做弟弟的当然得继承他的事业。"

于是刘渊自封为汉王，帮助晋军，攻打鲜卑，势力和影响力越来越大。公元308年，刘渊自立为汉帝，建立了汉国，历史上称为汉赵。

从刘渊建国，到北魏统一北方的一百三十年间，少数民族的贵族和汉族上层，在混战割据中，纷纷建立了若干政权。历史上称这个时期为五胡十六国[1]。

如果你是刘渊，逃出邺城之后，会回去救司马颖吗？为什么呢？

---

① 五胡十六国：自西晋末年到北魏统一北方期间，曾在中国境内建立政权的五个北方民族及其所建立的政权。先后有前赵、成汉、前凉、赵、前燕、前秦、后燕、后秦、西秦、后凉、南凉、南燕、西凉、北凉、夏、北燕等十六国。

第 6 篇

皇帝背后的男人
王马共天下

西晋仅仅延续了 51 年，就被北方的匈奴人所灭。317 年西晋的宗室琅琊王[①]司马睿在建康，也就是现在的南京，建立了新的政权，历史上称为东晋。

登基的这一天，司马睿坐在龙椅上，看着跪倒在脚下的文武百官，目光停在了为首的一个文官身上。这位文官姓王名导，字茂弘。

司马睿突然站了起来，快步走到王导面前，双手扶起

① 琅琊王：琅琊国最高统治者，最早始于西汉皇族刘泽，最为有名的琅琊王当属东晋元帝司马睿。

了他：“你随朕过来。”

司马睿拉着王导，回到龙椅前。他坐在龙椅之上，对王导说：“龙椅宽大，你也坐下来，与朕一起，接受百官的朝拜吧。”

此言一出，包括王导在内，满朝文武都惊诧不已。百官心想：“陛下这是什么意思？难道是要与王导共同坐拥天下吗？”

王导的故事要从十年前说起。

那个时候，八王之乱刚刚结束，晋朝因为这场内部的权力斗争导致国力日渐衰落、社会动荡，与此同时，北方匈奴等少数民族开始建立独立政权。在司马睿手下任职的王导预感到天下将会发生动乱，于是，便建议司马睿南渡至建康。

“琅玡王，如今连年内乱，北方各族又对我中原之地虎视眈眈，此时应当远离纷争，躲避祸乱，而建康位于江南，正是养精蓄锐的绝好之地。”

司马睿厌倦了让他担惊受怕的权力斗争，也因为连年征战的动乱感到不安。

听了王导的话，司马睿眼睛一亮：“茂弘，你愿与我一起前去建康吗？”

“属下遵命。”

这下司马睿放心了。

因为这位王导是当时北方头等士族[1]“琅玡王氏”的一员。琅玡王氏从秦汉时期开始就赫赫有名、人才辈出，可以称得上是当时的第一豪族。率楼船破吴的王濬，就是琅玡王氏成员。司马睿有了王导相助，相当于获得了琅玡王氏的支持，顿时信心大增。

就这样，司马睿和王导一起，带着一批随行的北方官员，来到了建康。

司马睿做的第一件事，就是约见当地的士族。可是这些士族根本不把司马睿放在眼里，别说前来拜见，就算司马睿亲自登门拜访，他们也闭门不见。

司马睿日渐焦虑，因为那些士族在江南有很大的声望，得不到他们的支持，朝廷的法令都可能变成一纸空文，无人执行。

就在这时，王导带来了一个人来见司马睿。这个人名叫王敦，是王导的堂兄，也是琅玡王氏中的一员，现在官拜扬州刺史，在江南一带拥有很大的声望。

---

① 士族：东汉以后，在地方阶级内部逐渐形成的特殊阶级。他们在政治、经济上享有特权。

司马睿看到王敦，犹如久旱逢甘霖。

他拉着王敦的手说：“如今江南士族视我如无物，您快教我应对之策吧。”

王敦微微一笑：“司马大人，您无须多虑。有我兄弟二人一起助你，用不了多久，江南就是您的天下。”

转眼到了三月初三，这一天是建康当地的节日——禊节[①]。每年这一天，百姓和官员都要到江边去“求福消灾”。

这一年与往年不同。一大早，大街上就响起了鸣锣之声。一支上千人的仪仗队伍，浩浩荡荡地在建康城的大街上招摇过市。这支队伍的正中央，四个精壮大汉抬着一顶精美华丽的肩舆[②]。肩舆上面端坐着的，正是琅邪王司马睿。在司马睿的两侧，王导、王敦两兄弟骑着高头大马，相伴而行。

司马睿的这一行为引起了全城百姓的关注。百姓们看如此浩大的阵势，纷纷议论。

“那人是谁啊？”

“连扬州刺史王大人都陪伴在侧，一定不是普通

---

① 禊（xì）节：上巳（sì）节，古代于春秋两季在水边举行的一种祭礼。魏晋以后，上巳节改为三月三。

② 肩舆（yú）：轿子。

人吧。”

“你们不知道吗？我听说，他就是奉皇命镇守江南的司马大人。人家可是皇族的人！”

“怪不得，怪不得，你看人家这气势，就是与众不同啊。”

其实这些人群中议论的人，也都是王导、王敦兄弟找来替司马睿造势的。

仪仗队到了江边，司马睿走下肩舆，率众跪倒在地，大声朗读祭文①，为江南百姓求福。一时间，建康的百姓无不传颂琅琊王的气派和仁德，司马睿成了家喻户晓的人物。

司马睿虽然在百姓中间有了威望，但那些江南的大家族依然不肯与司马睿交往。司马睿再次找到王导，向他询问对策。

王导沉吟良久，说道：“据属下所知，建康城里有两位名士，一位叫顾荣，另一位叫贺循。此二人在江南一带影响极大，如果他们肯出来做官，江南的大家族一定肯归附大人。”

---

① 祭文：祭祀或祭奠时对神或死者朗读的文章。

“那就拜托茂弘了。”

王导登门拜访顾荣。顾荣一听王导是琅玡王氏的人，马上亲自出门迎接。两人寒暄过后，王导对顾荣说：“这次我是奉了司马大人之命，请您出仕为官。”

顾荣一听这话，脸色一沉：“自从前朝被灭以来，当今朝廷对我吴地士族一直排挤、镇压，王大人不会不知道吧？”

“如今正是改变这种情况的时候。”

“此话怎讲？”

“现在朝廷政局混乱，北方各族对中原虎视眈眈。若不出所料，用不了多久，北方必然大乱，那时就是南方士族崛起的时候。”

王导见顾荣陷入了沉思，继续说道：“司马大人是皇室中人，如果我们辅佐他成就大业，还怕将来不受朝廷重视吗？”

听了王导的这番话，顾荣连连点头。

“王大人所言极是。”

顾荣又把王导的意思转告给了贺循。贺循也觉得是这个道理。于是，两人一起在司马睿手下做了官。在这两个人的带动下，一大批江南的名士全都慕名而来，成了司马睿的谋士。

从此，司马睿在江南站稳了脚跟。在这个过程中，王导可以说是居功至伟。

后来，天下的局势果然如王导所料，北方各族开始入侵中原，匈奴人占领了西晋的都城洛阳，西晋灭亡。司马睿在建康登基，建立起了东晋王朝。司马睿就是东晋王朝的第一个皇帝晋元帝。

因此，在登基这一天，司马睿请王导和他一起坐在御座之上，接受百官的朝拜。

王导急忙跪倒在地："这可万万不可！若太阳下同万物，苍生何由仰照？君臣名分有别，臣万死不敢僭越[①]。"意思是，若太阳和太阳下普照的所有的生命都一样，那所有的生命还怎么会抬起头来仰望太阳呢？您就是我们心中的太阳，天上只能有一个太阳，我王导就算是有点功劳，也只能仰望您。

司马睿见王导执意推辞，方才作罢。他任命王导为骠骑[②]大将军，仪同三司[③]，并且重重封赏了王导一族。在

---

① 僭（jiàn）越：指超越本分，冒用地位在上的人的名义或物品。

② 骠（piào）骑：古代将军的名号。

③ 三司：司，官员，官吏；此处引申为司马、司徒、司空三个最高官职。

当时，民间流传着一句话，叫作“王与马，共天下”，意思是说，王氏同皇族司马氏共同掌握着朝廷的大权。

从这以后，琅琊王氏就成了东晋王朝最大的士族门阀[①]。后来，又有一个士族涌现出来，就是谢氏，谢安、谢石就是一支。有一句诗，说“旧时王谢堂前燕，飞入寻常百姓家。”“王谢”就指的是琅琊王氏和陈郡谢氏。

司马睿当上皇帝的时候，邀请王导一起坐拥天下，王导谢绝了。如果是你的话，你会同意还是不同意，为什么呢？

---

① 门阀：门第和阀阅的合称。旧时在社会上有权有势的家庭家族。

第 7 篇

一袋粮食打下的城池
祖逖中流击楫

司马睿在江南建立了东晋王朝，而那时候的北方，被匈奴、鲜卑、羯（Jié）、氐、羌（Qiāng）五个胡人大部族占领，先后建立了十六个国家。历史上称这个时期为五胡十六国。

在东晋王朝中，很多将领想北伐中原，收复北方失去的土地。祖逖（tì）就是其中的佼佼者[①]。传说祖逖年轻的时候，就立下了报国之志。他半夜一听到鸡叫，就披衣起

① 佼佼者：胜过一般水平的人。

床、拔剑练武，“闻鸡起舞”就起源于此。

话说320年，祖逖带兵攻入了后赵刺史桃豹据守的蓬陂（bēi）坞。后赵就是十六国其中的一国，皇帝是羯族的首领石勒。

祖逖夺取了蓬陂坞的东城，而桃豹仍旧占据着西城。两军相互对峙了四十余日，双方的粮食皆已吃完，情况十分危急。

祖逖的军帐内，将领们眉头深锁，一脸愁容。

祖逖问道：“军中的粮食还够吃几日？”

“回禀将军，勉强能撑十日。”

“将军，不能再打了。现在，咱们满打满算，不到千人，而敌军却有三千人。加上粮草短缺，将士们都已无心应战。”说着，这个将领撩开了帐帘。

祖逖的眼光往帐外望去，只见将士们不是倚柱望天，就是挤在角落里呼呼大睡。他不禁眉头一挑，大踏步走出营帐。来到营帐外，他摘下佩剑，猛地在地上敲打了三下，慨然说：“你们现在这个样子，还怎么打败敌人、收复失地？难道你们忘记横渡长江之时，一起许下的誓言吗？”

祖逖此言一出，将士们精神一振。他们仿佛感到一股强大的力量从心底升腾而起，瞬间布满了全身。

就在七年前，祖逖为了完成收复家园的心愿，招募了两千名壮士，踏上了横渡长江、北伐中原的征程。

船到了长江中心的时候，祖逖发现壮士们神色沉重，面露悲戚。原来这些人望着江面上的茫茫雾霭，感受到辽阔的自然景象反衬出的个体的渺小，想到即将面对强大的胡人，他们心中产生了无限的恐惧。他们看不到对面，也看不到未来，更看不到希望。

一个壮士突然站了起来："将军，我不想去北方了，我想回江南。"

其他人也纷纷鼓噪起来。

"是啊，对面还不知道有多少的敌人，我们还是回去吧。"

"我们不想白白送命啊，将军，回去吧！"

"是啊，回去吧！"

祖逖大喝了一声："住口！身为男子汉大丈夫，岂能贪生怕死？如今胡人占据我们的土地，杀害我们的同胞，你们愿意这样忍气吞声，在江南苟且一辈子吗？我祖逖不愿意！祖逖今天在这里发誓，若不能扫平占领中原的敌人，绝不再过这条大江！你们谁想回去，尽管自便！”说到这里，祖逖双手握住船桨，击打在船舷之上。他像是要把满腔的抱负，都化作手上的万般力气。

祖逖的话激发了壮士们心中的斗志，他们齐声大喊：

“我们愿意追随祖将军，收复失地！”

“北伐不成功，誓不回头！”

壮士们随着祖逖一起有节奏地拍打手中的船桨。一时间，整个江面上响起了击打船桨之声，声震四方。

这就是“中流击楫（jí）”这个成语的来历。

祖逖见大家的斗志已被激起，于是一挥手：“好！如今敌军人数确实是我们的三倍，但我们缺粮，他们一定更缺粮。我有一策，若是成功，定能一举夺下蓬陂坞。”

此时桃豹的大帐中，也是士气低落、人心惶惶。正如祖逖所料，桃豹这边的情况也不容乐观，他们已经断粮了。

此刻，桃豹正与手下将领商议进退之策。就在这时，一名将领扛着一个麻袋，闯了进来。

“将军，我刚才看见祖逖那边运来了粮食，就趁他们不备，带人抢了一袋。”

桃豹打开麻袋，见里面装满了黄澄澄的粮食，不禁皱起了眉头：“他们运来了多少粮食？”

“大概有一百多袋吧。”

此言一出，大帐中鼓噪起来。

“我们粮食已尽，可敌军却粮草充沛，这仗怎么打啊？”

“退兵吧，再打下去，只有死路一条。”

“是啊，将军，留得青山在，不怕没柴烧啊！”

桃豹一摆手：“全都给我住口！现在我军人数是敌人的三倍，你们怕什么？没有粮草，我现在就给陛下写信，请求支援！”

就这样，桃豹给皇帝石勒写了一封求粮信，派人快马加鞭，送去都城。三天之后，桃豹接到石勒的回信，信上说，拨出了一千头毛驴，给桃豹运送粮食。

因为连年征战，马匹十分紧缺，只好用毛驴代替马匹运送粮食。

桃豹见运粮的有一千头毛驴，提着的心放下来了，心想：“这么多粮食，够我吃半年的，就算粮食不够，让将士们吃毛驴也行。”但他又转念一想：“我得带人去接应，祖逖那厮狡猾多端，别让他把粮食给劫了。”

桃豹马上带了一支队伍，出城接应粮草。正往前走着，突然发现前方大群毛驴，正往后方行进。桃豹心想：“运粮的毛驴还没到我大营，怎么就往回走呢？”他追上去询问，押送粮草的士兵却十分吃惊：“您的队伍刚才不是已经来过了吗？粮食不都卸走、背走了吗？”

“什么？我的队伍？不好，一定是祖逖乔装我的队伍，劫走了粮食！我来问你，那些人去了什么方向？”

士兵指着东方：“那边。”

桃豹一挥手，对手下将士说：“他们押着粮食，一定走不远，随我追！”

桃豹带兵追了上去。他知道这些粮食如果不追回来，他必输无疑。没追多远，他们就进入了一个山谷。这山谷两山夹一沟，地势十分险要。桃豹带兵进入山谷，就像是进入了一只口袋。当他的最后一名士兵进入山谷的时候，突然间，山谷四周响起了一片喊杀之声。

“杀呀！活捉桃豹啊！”

桃豹脸色大变，叫一声：“不好，有埋伏，快撤！”

埋伏在四周的正是祖逖的军队。这一切都在祖逖的计划之内。他先让手下的士兵假装运粮，故意让桃豹的手下抢走了一袋。其实，祖逖军中的粮食早已见底了，除了被桃豹手下抢走的那一袋是粮食之外，其他麻袋里装的都是沙土。祖逖料到，桃豹看到粮食，心里一定慌乱，肯定会向石勒求粮。于是，他事先埋伏好士兵，乔装成后赵军队的样子，等石勒的粮草一来，合理合法地把粮草接收了。紧接着，再在山谷之中布下伏兵，等桃豹一到，杀他个措手不及。

桃豹老老实实地钻进了“口袋”，这就叫作瓮中捉鳖。这一趟，桃豹不但没抢回粮食，还损兵折将，只得灰溜溜地逃回了营地。

祖逖得了粮食，军心大振。当天夜里，他们吃饱喝足后，突袭了桃豹大营。桃豹方面的军心早已涣散，毫无抵抗之力，于是放弃了蓬陂坞，向后方退去。

祖逖乘胜追击，一举收复了黄河以南的全部领土。后

何不食肉糜

汉帝刘渊

赵士兵陆续向祖逖投降，从此石勒不敢再窥兵河南，那里的百姓也终于过上安稳的日子。祖逖居功至伟，被晋元帝封为镇西将军。

在这场战役中，祖逖和桃豹在缺乏粮草的情况下，内心都很慌乱。但是祖逖比桃豹强大的地方在于，他预想到对方一定也没有粮食。这个时候，谁的心态好，谁能坚持，谁能出奇招，就能赢得对手。所以，祖逖战胜对手的关键是心态好，能坚持。而且，他还想办法让身边的将士们和自己一起坚定信念，稳中求胜。

假如你是祖逖，你会和将士们说些什么，鼓舞他们的士气呢？

第 8 篇

再也写不出的“字”
书圣王羲之

前面的故事中已经介绍了文圣孔子、武圣关羽。本篇故事将要介绍的是书圣——王羲之。

353 年，农历三月初三，会稽郡山阴县的郊外，微风习习，竹浪闻莺。太阳升起一竿多高的时候，竹林里传来窸窸窣窣的脚步声。

不一会儿，一群文士模样的人出现在林间的小路上。

他们个个宽袍大袖，举手投足温文尔雅，言谈举止彬彬有礼。其中一个人尤其惹人注意，他四十出头，既庄重严肃，又潇洒飘逸。此人就是会稽郡的最高长官王羲之。跟在他身后的人，都是东晋帝国的风流名士。

汉魏以来，每逢三月初三，文人雅士都会寻觅一个风景秀美的去处举办集会，或谈论书画，或切磋学问，或吟风弄月，或畅怀清谈。这种聚会，当时叫作雅集。

前面介绍的竹林七贤也经常聚会于竹林之中，这也是一种雅集。

这一次，王羲之把四十一位名士聚集到了山阴县郊外的兰亭。兰亭不远处，有一条弯弯曲曲的小溪。众人来到小溪边，众人分宾主坐定。王羲之的随从摘了一片大荷叶，然后把盛满酒的木制酒杯放在了荷叶之上。他们正在做一个叫曲水流觞（shāng）的游戏。

“曲水”就是弯弯曲曲的水面，“流觞”就是流动的酒杯。大家坐在小溪两旁，在上游放置托有酒杯的荷叶，荷叶顺流而下，停在谁的面前，谁就现场作诗。作得出来，饮酒一杯；作不出来，罚酒三杯。

当时流行四言诗[①]和五言诗[②]。

在场的人心态各不相同，才思敏捷之士已经胸有成竹，有的人甚至同时准备好了四言诗和五言诗各一首；但

---

① 四言诗：中国古代诗歌体裁之一，指每句四个字的诗。

② 五言诗：中国古代诗歌体裁之一，指每句五个字的诗。

也有人才思稍微迟钝，正在搜肠刮肚地雕琢词句，可是表面上看起来依然是泰然自若。荷叶放入溪流的一瞬，大家的心微微往上一提，与此同时，他们的思绪和诗情也随着酒杯漂了出来。

荷叶顺流而下，首先漂到了王羲之面前。

王羲之不慌不忙地接过酒杯，微微一笑："诗如潜龙，无酒不行。我先饮此杯，以助诗兴！"说着，他将杯中的酒一饮而尽，接着大声吟道："代谢鳞次，忽焉以周。欣此暮春，和气载柔。咏彼舞雩（yú），异世同流。乃携齐契，散怀一丘。"

这首诗的意思是，四季轮回，又是一年春草绿，在这美好的暮春三月，和风载着柔情，实在是难得的时光。人生苦短，世事无常，我们很多人在经历颠沛流离，平时难得一见，既然今天聚到一起，大家就敞开心扉，畅所欲言。

这首诗就像是一篇开场白，让人感觉在这种良辰美景之际，如果不能敞开心怀，咏而赋诗，那实在是糟蹋了这样的美景，糟蹋了这样的际遇。

王羲之吟罢，赢得了一片喝彩之声。然而，他并没有就此把酒杯放回荷叶上，而是让侍从再斟满一杯酒，然后又作了一首五言诗。诗文作罢，在一片喝彩声中，王羲之抱拳作揖，才把酒杯放回到荷叶上。

接下来游戏继续进行。

一时之间，这人一杯酒，那人一首诗，大家是欢声笑语，好不热闹。这许多人里，大多数都是舌绽莲花[1]，不时以自己的佳句博得阵阵掌声。只有十六个人没在现场作出诗来，但这些人也非常豪爽，没作出诗便自罚三杯，没有诗才，也要有酒量。

不知不觉，日已过午，众人都有了几分醉意，纷纷走进兰亭，稍做休息。

王羲之统计众人所作的诗歌，共有三十七首。

有人提议："诗文乃经国之大业，不朽之盛事。今日雅集，得诗不少，不乏佳作佳句。依不才之见，不如将这些诗文结集成册，以传后世，大家以为如何？"

"世兄所言极是，结集成册！"

"那请教诸位，我们的诗集，以何为名呢？"

这时候，王羲之手捻胡须："不如因地而名，就叫《兰亭集》。"

---

① 舌绽莲花：这个典故来自佛家，指讲经讲得好，化为朵朵莲花。形容人口才好，能言善道，有如莲花般美妙。

“此名甚好！人有冠冕之美，雁有领衔之歌，此集若有君子为之作序，方称完美。”

大家一致推举这次集会的召集者、文采风流的王羲之来为《兰亭集》作序。

王羲之并不推辞，当即铺开蚕茧纸，手提毛笔，饱蘸墨汁。落笔的一瞬，他忽然犹豫了：“这篇序言，既是为自己而写，也是为大家而作，既得勾勒出今日聚会的盛况，还得在有限的言辞里流露悠长的韵味。”

王羲之游目四顾，但见崇山峻岭，茂林修竹，小溪潺潺，如同玉带；仰望苍穹，唯见天朗气清，一碧如洗。

刹那间，略有几分醉意的王羲之如有神助，只见他左手轻轻地拎起右手的衣袖，右手提起毛笔，忽然笔尖重重落在蚕茧纸上，绽放开了力透纸背的一点——这是“永”字的第一笔。

“永和九年，岁在癸丑，暮春之初，会于会稽山阴之兰亭，修禊事也。群贤毕至，少长咸集。此地有崇山峻岭，茂林修竹，又有清流激湍，映带左右，引以为流觞曲水，列坐其次。虽无丝竹管弦之盛，一觞一咏，亦足以畅叙幽情。是日也，天朗气清，惠风和畅。仰观宇宙之大，俯察品类之盛，所以游目骋怀，足以极视听之娱，信可乐也。”

这一部分，他写了集会的时间、地点、事由和人物。由环境描写“此地有崇山峻岭”，引出场面。继而描写游人心境，抒发集会的心情。

“也”字落笔，王羲之停顿了一下。

他看到此时天色已近黄昏，想到雅集就快散场，心中有些许不舍。这一次少长云集，济济一堂，下一次相逢又该到何时呢？即使还有下一次相逢，那到时候又还有几人在世、几人离世呢？

王羲之念及人生苦短，由人生的苦乐想到生死的无常，心情突然由喜转悲，他继续写道：

“夫人之相与，俯仰一世，或取诸怀抱，悟言一室之内；或因寄所托，放浪形骸之外。虽趣舍万殊，静躁不同，当其欣于所遇，暂得于己，快然自足，不知老之将至。及其所之既倦，情随事迁，感慨系之矣。向之所欣，俯仰之间，已为陈迹，犹不能不以之兴怀。况修短随化，终期于尽。古人云：‘死生亦大矣。’岂不痛哉！”

“哉”字落笔，几只倦鸟掠过晚霞燃烧的天际，飞到了夜雾蒸腾的竹林里。

如果前一段是叙事写景，这一段就是议论和抒情。太阳东升西落，亘古如此。人生一世，草木一秋。虽然人不能长生不老，但人的悲喜总归是殊途同归的。他继续写：

“每览昔人兴感之由，若合一契，未尝不临文嗟悼，不能喻之于怀。固知一死生为虚诞，齐彭殇为妄作。后之视今，亦犹今之视昔。悲夫！故列叙时人，录其所述，虽世殊事异，所以兴怀，其致一也。后之览者，亦将有感于斯文。”

随着“文”字的落笔，中国书法史上震古烁今的《兰亭集序》诞生了。《兰亭集序》具备了从内容到形式的全部审美因素。从书法的角度来看，它被誉为行书第一。全文一共十二个“之”字，每个“之”字都形态各异，或如虎踞岩下，或如龙盘云中，或如凤穿牡丹。同时，这也是王羲之一生所能达到的书法巅峰，后世的文艺评论家无不对其交口称赞。

这次集会之后，王羲之曾经打算誊写①一篇新的《兰亭集序》，但无论如何都达不到集会当天，他带着酒意的创作状态。他也无可奈何地说：“此神助耳，何吾能力致。”意思是，这是神在帮助我，神扶着我的手写出了一篇佳作，而不是我的能力所致的。

① 誊写：照底稿或原文抄写。

其实事实未必就如王羲之所言。一般来说，创作可能都会有两种状态，或是思如泉涌，下笔如有神助；或是痛苦的、苦吟的状态。

王羲之当时的创作状态就属于前者。也就是创作者进入极其专注的状态，好似我们看到小河，如果给它掘出了一个缺口，河水就会汩汩流淌，甚至喷涌而出。

唐朝有两个诗人，一个叫贾岛，一个叫孟郊，他们写诗的状态大概属于后者。他们写诗，需要逐字逐句反复思索。每写出一首诗来，不知捻断自己多少根胡须。

学习或做事时，提高专注力，让自己达到忘我的状态，就有可能有意料之外的收获。你有过这样的体会吗？你做什么事时最专注？

第 9 篇

乱世中的璀璨文化

魏晋科技文明

魏晋时期不仅出现了竹林七贤、王羲之等文人墨客，还涌现了一批科技人才，在数学、农学、地理学领域有许多突破和创新。

这篇故事，我们讲北朝的一位农圣——贾思勰（xié），和南朝的商人兼数学家、天文学家——祖冲之。

贾思勰这个人非常神秘。关于他的出生、成长过程，正史都没有任何记载。人们只能在他的著作《齐民要术》[1]当中，找到一个非常简短的署名——“后魏高阳太守贾思勰撰”。这短短十个字，就是他留给后人的自我介绍。

从署名推测，贾思勰生活在后魏，做过高阳郡的太守。后魏，就是北朝的北魏王朝，这样称呼是为了区别于曹丕建立的曹魏。但是，这么简短的记载，并不妨碍他在历史上留下“圣”的美名。赋予他“农圣”这一称号，是因为皇皇十一万字的《齐民要术》记载了他的所思所想、所作所为。

贾思勰在书中说：治理天下，最紧要的就是让百姓安居乐业，使民众富足文明。他看到，在风调雨顺的太平之年，百姓们辛苦劳作；若是遇上天灾人祸的凶年，百姓们怕是就要颠沛流离、倾家荡产，甚至家破人亡。基于这种悲悯的情怀，贾思勰走访各地，搜集了大量关于农业生产的经验，最后都整理在《齐民要术》中。从蔬菜作物、动物养殖，到果树林木、制酒作酱，无所不包。书中，关于谷物的记载就有八十六种，足见贾思勰走访地域之多、翻阅经典之众。

①《齐民要术》：大约成书于北魏末年，是一部综合性农学著作，也是世界农学史上最早的专著之一，是中国现存最早的一部完整的农书。

贾思勰的《齐民要术》，不仅指导了中国后世千千万万耕种的百姓，唐朝的时候，这本书还传到了日本。

后来，清朝乾隆年间有一个叫山田罗谷的日本人，专门为《齐民要术》做了简单的校注。他在自己校注版的序言里说："我从事农业生产三十余年，凡是农家生产、生活上的事，只要向《齐民要术》求教，依照着去做，没有一件不成功的。尤其是关于农业生产的切实指导，可以和很多老农民的经验媲美。能做到这一点的，只有这部书。"

日本有大量的专家、学者，写了很多文章来研究《齐民要术》，甚至形成了专门研究《齐民要术》的"贾学"。所以，贾思勰真是当之无愧的农圣。

北朝有贾思勰，南朝也有一位高人。他是一位大数学家、大发明家，同时也是一位天文学家，他叫祖冲之。

祖冲之的爷爷是刘宋王朝的大匠卿。大匠卿是一个官职，负责掌管工程建筑。他对天文、历法、数学，都很有研究。祖冲之小时候就听爷爷讲这些科学技术上的事，也跟随在朝为官的父亲阅读经书典籍。在耳濡目染下，他从小就对科技产生了浓厚的兴趣。

祖冲之对后人最大的贡献，就是把圆周率[1]确定在3.1415926和3.1415927之间。祖冲之成为世界上第一位将圆周率值计算到了小数点第七位的科学家。

圆周率是数学中的一个重要数值，应用很广泛，尤其是在天文、历法方面，但凡涉及圆的一切问题，都离不开圆周率。如何正确地计算出圆周率的数值，是世界数学史上的一个重要课题。那个时候没有计算器，更没有电脑，在那个只有纸笔的年代，祖冲之借助一种叫作算筹[2]的小木棍把圆周率算到了这个程度，不知道要反复推演多少遍，熬过多少个春秋。

据说，当时推算圆周率，是祖冲之和他十一岁的儿子共同完成的。可以想象，爸爸和儿子趴在地上，大小两个脑袋凑到一起，专心测量、演算的场景，就像父子俩在一起玩玩具。祖冲之的儿子叫祖暅（gèng），后来也成了著名的数学家和天文学家。

---

① 圆周率：是圆的周长与直径的比值，一般用希腊字母 π 表示，是一个在数学及物理学中普遍存在的数学常数。

② 算筹：是一根根同样长短和粗细的小棍子，一般长为 13 ~ 14cm，径粗 0.2 ~ 0.3cm，多用竹子制成，二百七十几枚为一束，放在一个布袋里，系在腰部随身携带。需要计数和计算的时候，就把它们取出来使用。

除了计算圆周率，祖冲之还设计制造过指南车。

指南车就跟指南针一样，是指示方向用的。只不过指南车不用磁石，而是靠齿轮带动车上小木人的手指，它指到哪个方向，哪里就是南。传说，在上古时期，黄帝就是用指南车，打败了蚩尤。有史料记载的指南车，最早出现在三国时期，后来失传了。直到刘宋开国皇帝刘裕攻打北方时，在战利品中，发现了一辆毁坏的指南车。只是很可惜，木人的手指已经不能随着方向转动了。直到六十多年后，祖冲之才修复了这辆指南车。

不仅如此，他还用铜重新做了一辆指南车，转动起来非常灵巧，无论怎样转弯，木人的手都指向正南方。

除了指南车之外，祖冲之还设计制造过一种神奇的交通工具——千里船。据说这种船行驶起来不靠风，不靠水，不靠人力，还能日行百里。至于这种船到底如何行驶，史书上也没有记载。千里船的制造方法如今也已失传。

在农业方面，祖冲之还发明了用水力加工粮食的农具，叫作水碓磨[①]。在生活方面，他还发明了用来计时的仪器，

---

① 水碓（duì）磨：一种借水力舂米的工具。利用水碓，可以日夜加工粮食。

叫作漏壶[1]。由此可见，祖冲之是一个大发明家，可惜那个时候没有对知识产权的保护，如果有的话，祖冲之一定是那个时代最富有的人。

祖冲之不仅数学造诣高、发明技艺巧，还懂得天文知识，编写过历法。星空中，就有一颗以他的名字命名的小行星，叫祖冲之小行星。

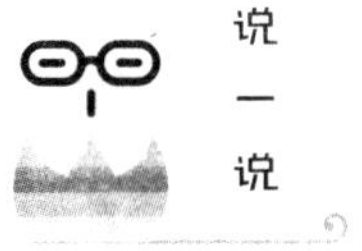

你未来梦想的职业是什么呢？假如你未来成为一位科学家，最想研究什么呢？

① 漏壶：也叫漏刻，古代利用滴水、沙多少来计量时间的一种仪器。

第10篇

一个消灭了十个（一）
淝水之战（一）

这是一场有关东晋生死存亡的战争——淝水之战。在这一战役中，号称百万大军的前秦军队是如何被东晋的八万守军打败的呢？

时值晚秋，秋风萧瑟，凛冽刺骨。此时的淝水两岸，驻扎着两方军队。一方在东岸，长达数十里黑压压的一片营帐，有二十多万人，一到晚上，到处是篝火，十分壮观，这是苻坚率领的前秦部队。苻坚是前秦的皇帝，这一次御驾亲征，是为了灭掉东晋，把自己的地盘向南扩大。苻坚很有野心，他一直想做下一个一统中国的秦始皇。

另一方在西岸，是东晋高官谢石率领的东晋军队，但是晋营里的灯火星星点点，似乎并不十分密集。

这天晚上，苻坚召集将领们说道："朱序听令！"

"在！"

"你速速前往晋营，让谢石来降！他如果不投降，淝水开战之日，就是他晋国灭国之时。"

这朱序是前秦的度支尚书，掌管着前秦的税收和支出，有点像现在的财政部部长。他本来是东晋的将领，后来被前秦俘虏，苻坚觉得朱序才识过人，就封了他个大官。

朱序听到了这个命令，心中窃喜不已，他想："我是晋国人，归降于秦本就是不得已而为之，正好借此良机，转过来效忠我晋国。"

朱序到了晋营，他不但不劝谢石投降，反而投降了谢石。他把前秦的兵力部署、粮草筹备等最高级的军事机密，一五一十地全盘托出，告诉了谢石。

兵书上说："知彼知己，百战不殆。"意思就是说，当我知道了敌人所有情况的时候，每一次打仗，我胜算的概率就很大。两国交锋，打的不仅是兵力和国力战，还有情报战。现在谢石已经知道了前秦军队里的所有军事情报，于是他迈出了战胜苻坚的第一步。

谢石一听，也陷入了沉思："原来，前秦的兵力不止二十万，后面还有六十万大军正在赶来的路上，而我方只有区区八万将士。八万，对抗八十万，我胜算何在啊？可是自己一旦战败，整个晋国就面临亡国的危机啊！"

这时候，谢石营帐里的几位亲信听完朱序的汇报，顿时炸了锅。

"哎呀，将军，这仗没法打了，别说后面还有六十万人马，就是打头儿的这二十万也两倍于我们的兵力，我们实在打不过啊。"

"是啊，依臣之见，不如投降吧？虽说晋国士兵个个都是好男儿，但是……也做不到以一当十啊……"

"谢大人，依我看啊，投降是条明路，尽管晋国亡了，但是您谢家还是大氏族啊。晋国亡，可谢家的根基绝不会动摇，苻坚一定会重用谢大人。"

"谁说没有胜算啦？依我看，擒贼先擒王，或许我们可以派几名刺客，把那苻坚刺杀于他的中军大帐……"

"哎！不妥不妥，人家可是二十万大军啊，数十里的连营，你哪儿知道人家的中军营帐在哪儿啊？"

谢石和亲信们商量了一夜，大家都觉得，不管怎么分析，晋国都只有投降这一条路。突然，谢石灵光一闪，他唤朱序来到身旁，低声问了几个问题，两人小声嘀咕了几句，谢石突然一拍桌子："此仗可打！"

这一瞬间，大家伙都傻了眼。

谢石笑道："哈哈，此仗不但可打，而且可胜，诸位勿忧。"

"啊？"亲信将士是丈二和尚摸不着头脑，就连朱序也心存怀疑。

谢石微微笑了笑，顺手用桌上的茶壶茶杯摆起了沙盘。什么是沙盘？沙盘指的就是两军战斗的时候，在桌子上用来模拟战场形势和兵力分布的模型。现在这桌子上的茶壶茶杯，可都不是茶壶茶杯了，而是变成了山头，变成了部队。

"诸位可知苻坚为何要派二十万兵马前来，后面还要加上六十万援兵吗？

事实如此，这么多人在这军帐中闹闹哄哄地你言我语，居然没有人好好分析分析这个事实。

谢石又说道："正因苻坚此举，所以我说，此仗可打。诸位试想，苻坚为何要带领那么多人马打我晋国？想必苻坚心中认定晋军起码有五十万人，否则他不值得动用八十万大军。你们想想，八十万大军长途跋涉到前线来，所耗的财力和精力有多大？实际到前线的会有多少人？方才我专门问了朱序，确定了一件事，苻坚他根本不知我军的兵力到底如何，所以这一场交锋是一个瞎眼人对抗一个明眼人。”

众人互相看了看，点了点头，觉得谢石将军说得没错，可是似乎又没完全琢磨透他的意图。

谢石接着说：“苻坚虽有八十万兵马，却是强征各族拼凑而来，如此乌合之众必定军心不齐、士气不足。况且现在只到了二十万，如果像我所说，他心中认为晋军有五十万，诸位觉得，现在我和苻坚谁心里更没底啊？”

大家伙这才恍然大悟。从这一点上讲，没错，苻坚心理不占优势，他应该更害怕。

但是，话虽然这么说，毕竟晋国没有五十万的兵马啊，就算人家苻坚心虚，等到真枪实刀地打起来，你晋国的实力早晚得露馅儿啊！

谢石仿佛看透了众人心中所想，又说：“我等若要开战，且战之能胜，秘诀就在于——不露馅儿！”

那这又是什么意思呀？晋国的各位将领面面相觑，不知道谢石葫芦里卖的是什么药。如果说之前获取情报让谢石走向了迈向成功的第一步，而现在谢石整合了所有的情报，深刻分析，并且制定了自己的作战策略，就算他迈出了战胜苻坚的第二步。

谢石说："我要是开战，战之能胜的秘诀是……"秘诀是什么？他怎么做到的？

第11篇

一个消灭了十个（二）
淝水之战（二）

谢石得到了朱序传递的苻坚大营的军事情报，算是迈出了战胜前秦的第一步。他又根据所获得的情报，加以分析，然后制订了自己的作战计划，从而迈出了战胜前秦的第二步。

自从苻坚派出朱序去劝降，他一直在等回信。第二天，东晋军队里边没什么动静。第三天，也没见到要投降的意思。苻坚不敢轻举妄动，只是静静地等待自己后续的六十万大军到来。他心里说："不管你降还是不降，等我六十万大军到来，足足八十万大军往前一扑，定能让晋国灭亡！"

第三天白天，淝水两岸和往常没什么不同，两军依然处于对峙状态。这天深夜，苻坚正在帐中和几名将领喝着酒，突然闯进一名传令兵：“报——晋军铁骑发动突然袭击，重创了我军先锋部队！”

这个消息如同一盆冰水，把微醺的苻坚彻底泼醒：“晋军来了多少人马？我军先锋部队现在如何？”

“晋军……晋军大约有五千人。他们作战非常勇猛，我军先锋部队打不过，已经被人家打散了。此刻，晋军部队离我军大营约有二十里。”

苻坚心中顿时方寸大乱，暗自想道：“我先锋部队有两万余人，现在竟然被他区区五千人马打散了，这等战斗力，实在惊人……”

他赶忙问身边的将领：“我后备大军何时可到？”

“禀圣上，后备大军离寿阳尚且有些距离，就算日夜兼程也得几天工夫。恐怕等不及大军到来，我们就要做好迎战准备，或许……或许圣上可以先避一避？”

这位将领的话点醒了苻坚，他急忙下令：“对，立刻暂避其锋芒。快，传令下去，调两万精兵来中军护卫，天一亮，尔等即刻与我登上城楼，观察敌情，以准备应战策略。”

命令传下去了，保卫中军营帐的兵力也很快调过来了，可是苻坚却没办法安心睡觉，心里一直打鼓：“原本我以为晋军最多有五十万兵力。现在看来，他们敢主动进攻，恐怕兵力远超我的预估。而且他们一晚上就打散了我的先锋部队，战斗力不容小觑。而我大军未到，若是真打，恐怕胜算不大。”

苻坚越想越害怕，在营帐中和衣而坐，坐了一宿。这说明，谢石又获得了阶段性的胜利。谢石派出五千精兵，让他们像敢死队一样突袭苻坚的先锋部队，只许赢，不许败。

如果这一仗打赢了，苻坚就必须做一道算术题：“他五千人马能打赢我两万人马；如果他有五万人马，也相当于能和我二十万大军对抗；如果他有五十万大军，那我秦国就得有两百万大军才能与之抗衡。我哪里有两百万人马呢？”苻坚作为一国之主和三军统帅，心理已经接近崩溃。于是，谢石又迈出了战胜苻坚的第三步。

第二天天色才蒙蒙亮，苻坚就带上将领，登上了寿阳城的角楼，向晋军大营方向查看。

一阵凛冽的秋风吹过，打在人身上，凉意刺骨。苻坚远远望去，只见晋营旁边的八公山上，野草正被秋风拉扯着不停地抖动，枯树丛也在秋风的吹拂下左右摇摆。

忽然间，苻坚好像看到了什么，他定睛细看，树林里似乎有寒光一闪而过。

“不好，有伏兵！”可一瞬间，那抹寒光又不见了。再左右看看，对面林间山头，若隐若现的有盔甲帽子在移动，细听，似乎还有马嘶声。

“伏兵……肯定是伏兵！”苻坚更肯定了心中的猜测，只觉得自己的脊梁上一股凉气蹿上来：“这八公山离寿阳城不远，山里面都有伏兵，莫不是……我已经陷入了晋军的包围圈？！”他又联想到昨夜晋军的偷袭，觉得大事不妙。

他把几位大将拉到自己近前，指着八公山说：“你们仔细看看，那里分明埋伏着晋军。那青石后面是不是有个黑影在动？你们再看看那树丛里伸出来的东西，是不是一柄柄长矛？”

身后的将领见苻坚说得头头是道，也努力地睁大眼睛去查看。可是光线昏暗，众人看不清楚，再加上苻坚煞有介事的说辞，众人心里更是惊疑不定。第一眼看去，山上只是普通的草木，可再仔细一看，似乎影影绰绰，埋伏着军队。

所有的文臣武将都不说话了，一个个攥紧了拳头，额头淌着汗珠，万分紧张。

看着将领们犹疑不定，苻坚更觉得自己看到的是真的：“你们为何不说话？你们说说，这八公山上约有多少伏兵？

“依臣之见，恐怕不少……”

此时，风势越来越急，苻坚再看八公山，发现不只枯树丛旁，整座山的野草都在簌簌抖动。那晃动的草木影子里好像藏了无数弓弩手，他们弯弓搭箭，认扣填弦，每一支狼牙箭都稳稳地直指他的心头。这一情景就被后人描述为“草木皆兵”。

苻坚以为在晋军渡河时发动突然袭击，一定能一举获胜。随即命令军队后撤。“撤兵！快！撤兵！”

不料，一声令下，秦军前军变后军，后军变前军，掉头就跑。可这跑的不是一两个人，而是二十万大军。兵退如山倒，大军往下一撤，自相践踏，死伤无数。晋军乘机发动猛烈进攻，打败前秦军。苻坚负伤，带领残兵北逃。

其实八公山上根本没有埋伏，那不过是风吹草动的影子，是苻坚的心理崩溃了，所以才看什么都是伏兵。

最后晋军大败秦军，取得胜利。这就是历史上著名的以少胜多的战役——淝水之战。苻坚倾全国之兵力，想一举吞灭东晋，但却错误地估计了形势和双方兵力，最终仓皇北逃。这一战，进一步确定了南北政权对峙的局面，东晋稳居南方，而北方则陷入十六个政权犬牙交错[1]，频繁更迭的局面。

你认为在这场战役中，晋军取得胜利的关键是什么呢？这给了你什么启示呢？

① 犬牙交错：比喻交界线很曲折，像狗牙那样参差不齐。也比喻情况复杂，双方有多种因素参差交错。

第12篇

他见过最美的“桃花源”
陶渊明不折腰

在前面的故事中，曾介绍过一个叫庄子的人。庄子一身才华、满腹学问，却铁了心要做一个归隐山林、与世无争的隐士。在东晋时期，也有一个像庄子一样的人，他的名字叫陶渊明。

陶渊明很喜欢老子和庄子的思想，一直向往过上自由自在、无拘无束的田园生活。

可是陶渊明家境贫寒，为了养家糊口，他不得不违背自己的意愿，前后做过四份工作，前三份分别是祭酒[①]、参军[②]、幕僚[③]，他的最后一份工作是彭泽县的县令。

陶渊明去彭泽上任后没多久，他的顶头上司浔阳郡守就派了一个督邮来视察。

督邮这个官职在汉朝的时候就有。《三国志》里刘备就曾经鞭打过督邮，所以督邮在人们心目中的印象一直不是特别好。这个官，官位不高，权力却非常大。他代表郡守，到各县视察，然后再向郡守汇报各个县令的工作。如果县令工作能力差，或是个贪官，很可能会被罢官。县令若是碰上品行不端、中饱私囊的督邮，就得好吃好喝地伺候着，还要准备好贿赂的钱财。

陶渊明听说督邮要来，不由得皱起了眉头。他知道，这个督邮是粗俗、傲慢之辈，表面上是来视察工作，实际上是来捞好处的。陶渊明心想："我俸禄有限，又不能搜刮百姓，用什么办法来打发这位督邮呢？"

过了几天，督邮来到了彭泽县，住进了馆驿。馆驿就是古代官府设置的旅舍，供朝廷官员休息。陶渊明听

① 祭酒：学官名，晋设国子监祭酒，主管学校教育。

② 参军：参谋军务的官职。

③ 幕僚：古代地方军政长官衙署中参谋、书记、顾问之类，后泛指官署中的辅助人员。

说督邮来了，马上带了一名县吏，捧着锦盒，到馆驿拜见督邮。

督邮生得肥头大耳、大腹便便，一副趾高气扬、不可一世的样子：“你就是彭泽县令陶渊明？”

“正是。在下备了些许礼物，请您笑纳。”说着，陶渊明把一个锦盒呈给了督邮。

督邮接过锦盒，觉得沉甸甸的，心想：“都说陶渊明性格清高，今日还不是乖乖地给我送礼。看来这天底下，没人逃得过‘名利’二字。既然你识时务，我就在郡守面前为你美言几句。”督邮一边想着，一边打开锦盒。这里面装着的不是金银珠宝，而是满满的一盒大米。

陶渊明说：“这籼（xiān）米乃是本县的特产，不但口感好，还能补中益气，健脾养胃，对大人的身体非常有益，您一定要收下。”

督邮的脸瞬间由晴转阴，心里说：“好你个陶渊明，一盒大米就把我打发了？你当本官没吃过米？这简直是莫大的侮辱！”想到这儿，督邮把锦盒往一旁的桌上重重地一放，阴阳怪气地说：“陶县令，你可知罪？”

“敢问在下罪从何来？”

“本官刚到这儿，就收到了弹劾你的信，说你与强盗勾结，欺压百姓，滥收苛捐杂税，中饱私囊，这罪状可是不轻。”

“敢问大人，我勾结了哪个强盗，欺压了哪户百姓？滥收了哪项杂税，又中饱了多少私囊？”

“这……”督邮本来想吓唬陶渊明，让他当场求饶，没想到陶渊明并不就范，还一一反问。督邮一时语塞，干笑了两声：“此事本官自会查个清楚，你也回去，好好地反省一下。这大米，你还是拿回去，自己享用吧。来人，送客！”

陶渊明和县吏离开馆驿。一路上，县吏哭丧着脸，对陶渊明说：“大人，这督邮可是得罪不得。他要是在郡守面前说了您的不是，这官，您可就没得做了。”

陶渊明脸色一沉：“身正不怕影斜！我岂能为了一个官职，去做那同流合污的事情？赠米只是尽地主之谊，其他的不要再提！”

陶渊明本以为督邮找不到他的罪证，就会离开。没想到三天后的夜晚，陶渊明正在读书，县吏急匆匆地走了进来：“大人，督邮派人来传话，说要见您。”

陶渊明一愣，心想：“这么晚了，督邮见我何事？”他站起身，正要往外走，县吏又说：“督邮还带了话来，让您见他，别忘了穿官服。”

陶渊明听了这话，心里一颤：“督邮这是在暗示我，要是不肯向他屈服，小心官位不保。虽然我陶渊明没做过什么对不起朝廷的事，可是欲加之罪，何患无辞？看来那督邮已经伪造好了诬陷我的证据，此番前往，只会受那督邮的侮辱。”陶渊明思索多时，一咬牙：“也罢，既然这腐败的官场不容于我，我又何必为了五斗米的俸禄，折损了自己的人格，向那小人折腰？”

想到这里，陶渊明拿起笔来，写了一道辞呈，也就是辞职信。他把县令的大印和辞职信一起交给县吏：“你让来人把这大印和辞呈带去给督邮，告诉他，我陶渊明从此归隐田园，不再涉足官场。”

这就是“不为五斗米折腰”的故事。五斗米是陶渊明当县官时，朝廷给他的俸禄，也就是工资。辞官归隐这一年，陶渊明四十二岁。此后，他就开始了向往已久的田园生活，每天“晨兴理荒秽，戴月荷锄归”，虽然生活不富裕，倒也自得其乐。

南宋大儒朱熹评价陶渊明说：“晋宋间人物，虽曰尚清高，然个个要官职，这边一面清谈，那边一面招权纳贷，渊明却真个能不要，此其所以，高于晋宋人也。”意思是，晋宋年间，很多人表面上清高，把自己当成隐士，但是个个想当官，一边当官，一边招借权势贪财，边声称甘于清贫。只有陶渊明才是真的隐士，面对任何诱惑都不为所动。在归隐的日子里，陶渊明不但写了很多著名的诗篇，比如《归去来兮辞》《归园田居》，还创作

书圣王羲之

出了流传于后世的《桃花源记》。

陶渊明的所有诗词都带着一种田园风光，一种归隐的气象，还有一种适闲、潇洒、清淡的气韵。《归园田居》就是其中的代表作之一。

如果你生活在陶渊明的时代，你愿意做一个归园田居的隐士，还是想做一个力挽狂澜的英雄呢?

观复猫讲文物

观复猫介绍

花肥肥：理事长。观复猫的领袖，学识渊博的智者，和蔼可亲的长辈。胸怀大志，把握大局。

黄枪枪：接待馆长。温柔大气，善解人意，逢叫必答，稳重大方。白身黑尾的猫被称为“雪里拖枪”，枪枪的白身黄尾更为名贵。天生丽质，高贵妩媚。

麻条条：运营馆长。体态轻盈，一看就是体操运动员的坯子。活泼好动，动作自如且优雅。哪儿不好走就偏走哪儿，走自己的路，不管外界的评价。

云朵朵：营销馆长。名字富于诗意，也与她蓝白毛色相符。天真烂漫，单纯活泼，对新事物充满好奇心。有些害羞，体谅他人，像个小天使。

蓝毛毛：学术馆长。观复猫的智多星，聪明有智谋，遇事冷静。爱读书，爱美食，尤其爱甜食。文静内向，喜欢“宅”在家里。

1. 一封看不懂的信

西晋《平复帖》

你好！我是观复猫蓝毛毛。我给你介绍一封捉摸不透的信——《平复帖》。

这封字迹潦草的信，随意地写在一张已经发黄的纸上，尺寸有一块手绢那么大。别看这封信其貌不扬，可它就是大名鼎鼎的《平复帖》，是西晋时期的陆机写给朋友的。

书信的第一句是："彦先羸瘵（zhài），恐难平复。"彦先是人名，这句话的意思是彦先的身体衰弱生了病，恐怕很难痊愈。"平复帖"就是从这句话来的。这封信不长，总共八十多个字，但是因为年代久远，又用草隶书写成，所以很难辨认。一千七百多年后的今天，关于这封信的内容仍然众说纷纭。当年陆机写的到底是什么，始终没有定论。这真是一封让人捉摸不透的信。

《平复帖》里这些让人费解的字，可是书法的里程碑。秦汉之前，中国古人写字，先用刀刻在龟壳、骨头、竹子上，记录清楚就可以。到了秦汉时候，人们用毛笔在竹简上写字。可是竹简太涩了，只能慢慢地写。为了方便官吏上传下达命令，字的结构必须端正，清晰可辨。当纸在汉代被发明出来后，人们发现，柔软的毛笔落在顺滑的纸面上，写起字来就快了很多，笔下的字也就跟着变得飘逸灵动起来。写着写着，就成了像陆机的《平复帖》这样"潦草"的字体了。"草书体"虽然看起来潦草，但线条优美，飞扬洒脱，别有一番韵味。

魏晋时期，出现了许多书法大家，比如陆机、王羲之、王献之、谢安等，

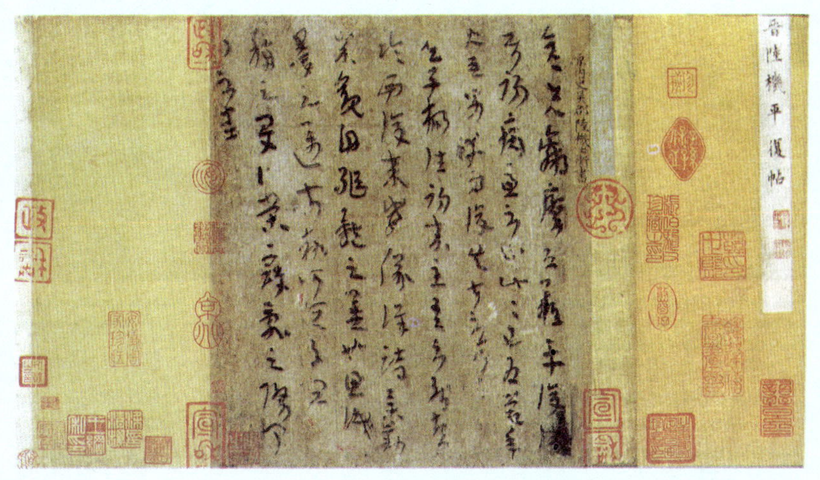

《平复帖》陆机　西晋

故宫博物院藏

他们各自都有帖子流传下来。“帖”其实就是当时文人手写的书信，大多不长，记录着朋友间的问候，家里发生的事情，自己的近况，有的连心情好坏、季节变化都会写。比如，王羲之的《姨母帖》表达了自己失去姨妈的悲痛；王献之的草书《鸭头丸帖》向朋友介绍了自己服用鸭头丸的感受。

魏晋文人的随笔一写，保留到今天都是绝世珍宝。如果你每天写日记，长大了再看它们，也会觉得很珍贵。

2. 会“讲”故事的屏风

北魏木板漆画

木板漆画　北魏

山西博物院藏

你好，我是观复猫花肥肥，又到我来给你介绍文物了。我给你介绍一件会“讲”故事的屏风——木板漆画屏风。

这件屏风有鲜红色的背景，上面画的人物有男有女；有的人坐着，有的人站着，有些人还抬着轿辇（niǎn）。他们就是这件屏风故事里的主人公。

漆画从上到下分别有四个故事：《有虞二妃》《周室三母》《鲁师氏母》，还有《班婕妤》。这四个故事里的主角都是女性，而且都是古代品德高尚的妇女。故事来源于西汉时期刘向著的《列女传》。

比如，最下面的是班婕妤与汉成帝的故事。婕妤，是汉代时候妃嫔的称谓，属于比较高的级别。班婕妤擅长辞赋，汉成帝很佩服她的才华。有一天，汉成帝邀请班婕妤和他一起乘坐轿辇，但是班婕妤拒绝了，她说：“臣妾看以往的画中，贤明的君主往往都是有贤臣相伴左右的；而导致夏商周三朝灭亡的最后一代君王，才有宠幸的女子陪伴在身边。您今日要我与您同辇，岂不是要和这些亡国之君一样吗？”汉成帝听了班婕妤的劝告，采纳了她的建议。这个故事是劝诫古代帝王要勤于国政，不能耽于享乐。没想到吧，一件一千五百多年前的屏风上，还画着如此富有教育意义的故事呢。

那么，古人到底是怎么把屏风做得如此漂亮呢？这件屏风属于漆器，制作程序和做其他器物是一样的。屏风的红色背景，是在天然漆里面加入朱砂所显现出来的颜色。当大漆刷到足够厚时，画工就开始在上面绘画。

3. 古老的拼图

南朝《竹林七贤与荣启期》拼镶砖画

你好，我是观复猫云朵朵。我来给你介绍一幅用砖块做成的拼图——《竹林七贤与荣启期》拼镶砖画。

《竹林七贤与荣启期》拼镶砖画　南朝

南京博物院藏

这件长得像拼图一样的壁画，是用几百块灰砖横竖几层叠放起来的。这些灰砖早在制作的时候，就有工匠在它们的表面用模具印上了图案。你看，每块砖上的花纹都不一样。整面墙垒好以后，就组合成了一幅完整的《竹林七贤与荣启期》图。是不是和我们现在的拼图游戏一样有趣呢?

这组砖画是装饰在一座南朝古墓的南、北两面墙上的。画中一共有八个人，都在树下闲散地席地而坐，身边还印有他们各自的名字。在南墙上从左到右分别是：嵇康在抚琴、阮籍仰天长啸、山涛举着酒杯、王戎挥舞着如意，北面墙上是：荣启期拨琴、阮咸弹阮、刘伶贪杯、向秀冥想。阮是当时一种类似琵琶的弦乐器。除了荣启期之外，其他七位都是魏晋时期的名士。他们七人常在山阳一带的竹林里聚会，喝酒纵歌，抒发胸臆，世人就将他们合称为“竹林七贤”。

在古代，像这样用砖做的拼图，可不是小朋友的玩具，它们都是被放置在死者墓室里做装饰用的。我们今天看到的这件《竹林七贤与荣启期》图的砖画，就是在南京的一座墓葬里发现的。按照古人“事死如事生”的观念，他们在修建墓葬的时候，就会把墓主人生前生活的场景、重要的经历、享乐生活的愿望，甚至是神话、传说印在砖上，或者直接画在墙上。

同时，墓里面还会陪葬主人之前喜欢用的器物、衣服、配饰，有时候甚至还会有马车。就像黄枪枪之前讲过的秦始皇陵二号铜马车、麻条条讲过的秦代青铜剑，都是在古代墓里出土的文物。

4. 跟我学做琴

东晋《斫琴图卷》

你好，我是观复猫黄枪枪，又到我来给你讲文物故事的时间了。我给你讲一幅介绍如何制琴的画轴——《斫（zhuó）琴图卷》。

这件已经泛黄的绢本画轴上，一共画了十四个人。其中几个文人模样的人，正在认真地制作着各自手中的琴，他们每人负责完成一道制琴的工序。从左向右看，我们可以完整地看到，古人从斫木制作琴板、上弦试音、制作配件、加工琴弦到制作完成的每一个步骤。制琴人身边，还有几名侍者和学徒侍立两旁。

嵇康临刑前弹奏了《广陵散》，他手中抚的琴和画中的琴类似。也许，嵇康使用的那把心爱的琴，也是他亲自参与制作的。

《斫琴图卷》是我们了解和学习古人制琴工艺、手法很好的教材。这幅《斫琴图卷》原本是由东晋时期画家顾恺之创作的，可是原作却没能流传下来。我们现在看到的，是宋代人的摹本作品，也同样珍贵。顾恺之是东晋时期绘画成就非常高的一位画家，后世将他和同一时期的曹不兴、陆探微、张僧繇（yóu）并称“六朝四大家”。顾恺之擅长绘画人像、山水。他画的人物以传神著称，人称“以形写神”。我们看《斫琴图卷》中，每一位制琴人都表情肃穆、气宇轩昂、风度翩翩，显现出魏晋文人不凡的气度。再看他们身边的几位侍者，眉宇间表现出的是诚顺谦恭的样子，与他们的身份相称。

《斫琴图卷（南宋传本）》 晋代 佚名 摹（原作 顾恺之）

故宫博物院藏

前面，麻条条介绍的《女史箴图》也是顾恺之的名作，画中的女子神形兼备、端庄优雅。在北京故宫博物院，还收藏有顾恺之的另外两幅画工精致细腻的名作：《洛神赋图》和《列女仁智图》。

5. 一眼观天下的神器

西汉《地形图》

你好，我是观复猫麻条条，我给你介绍一件足不出户就能了解世界的“神器”——《西汉初期长沙国南部地形图》，简称《地形图》。

《西汉初期长沙国南部地形图》
西汉

湖南省博物馆藏

这件已经发黄的图上，画了许多弯弯曲曲像血管一样的线条，旁边还有标注的阴影、圆圈和文字。把它们组合到一起，就是一张西汉早期的地形图，距今已经两千多年了。同《地形图》一起出土的，还有当时长沙国的《驻军图》，用于显示军队驻守的地点。这两张图都是当时保卫长沙国的重要文件，在当时很有可能是军事机密，需要严加保管。

图上那些弯曲的线条就是河流，粗的是大江，细的是小溪流；旁边的阴影是地形山脉；中间写字的圆圈和方块，就是当时住着百姓的城市或者屯兵的关隘（ài）。仔细看那些城镇分布的位置，还有一个很有意思的规律。

城镇大多都是沿着河流排列的，这是因为人们在生活中，不论吃饭、喝水，还是洗衣、浇地，一刻都离不开水。所以把城镇建设在河边，可以为生活提供极大的便利。在这张地图里，我们虽然能看到山川、河流、城镇的位置，但是它们之间的比例和距离、地形的高低起伏却无法准确地表现出来。

后来，这些问题被魏晋时期的地图学家裴秀解决了。他根据前人绘制地图的经验，总结出“制图六体”原则，使地图绘制变得更加科学准确。这六条原则分别是：“分率”，也就是比例尺；“准望”，指方位；“道里”，指距离；“高下”，说明地势起伏；“方邪”，表示倾斜角度；“迂直”，指河流道路的曲直。有了这六个原则，中国古代的地图绘制技术，就有了极大的进步。现在用的地图，都是在这个基础上发展而来的。

6. 金龙飞进了腰带扣

西晋炸珠子母龙纹金带扣

炸珠子母龙纹金带扣　西晋

观复博物馆藏

又到蓝毛毛来给你讲文物故事了。我要给你介绍一件用来系腰带的金扣子——炸珠子母龙纹金带扣。

这个金带扣和爸爸的皮带扣是不是很相似？这就是古代的腰带扣。带扣在古代又叫带卡，是古人腰带上的扣合器，用来扣住腰带。富丽的金腰带扣，是汉晋时代特有的贵重物品。

“炸珠”，是古代的制金工艺之一。将黄金用高温熔化后，把溶液滴入温水中，就会形成大小不等的金珠，叫炸珠。炸珠形成的金珠，通常焊接在金、银器物上，以作装饰，如龙纹、鱼子纹等。

这个带扣很有立体感，如同浮雕，龙眼镶嵌着宝石，龙身上点缀着炸珠形成的金珠，栩栩如生。大龙小龙好似即将腾云驾雾冲出飞向天空一样，这就是“子母龙纹”。龙是中华民族的图腾，是神话传说中神异的动物。我国古代很多器物中都有龙和龙纹，象征着吉祥祥瑞，寓意美好。

你知道“叶公好龙”的成语吗？原意说的是有一个称叶公的人，很喜欢龙，家里每一处都刻画着龙的形象。结果，天上的龙听说了，竟然来到叶公的住所，把头伸进窗户，叶公吓得失魂落魄地逃走了。这个成语用来比喻表里不一的行为。

在原文中，还有一句“钩以写龙”，就是指衣服的带钩上画着龙。带钩和带扣的作用是一样的。

7. 能调兵遣将的小兔子

三国—晋代青铜错金兔符

你好，又到花肥肥来为你讲文物故事了。我给你介绍一只能调兵遣将的小兔子——青铜错金兔符。

青铜错金兔符 三国－晋代

观复博物馆藏

这个兔符跟你的小拳头差不多大。这个兔符的材质是青铜的，上面用错金的手法刻有文字。错金工艺就是在金属器上刻画出凹槽，然后再把金填进去锉平。

这件兔符上的文字，已经不能完全辨识，但是依稀还能看出来有“皇帝”两个字。我们知道，皇帝是秦始皇统一六国以后的称号，取于“三皇五帝”中的两个字。云朵朵也讲过战国时期的青铜杜虎符，那个上面有九行，四十个字，但是绝不会出现“皇帝”的字样，因为当时国家的最高领导者，称为“王”。

这件兔符来源于魏晋时期，是在秦朝以后，所以会有“皇帝”二字。虽然不能辨识所有的字，但是有“皇帝”两个字，就基本可以判定，它是调动军队用的兵符。老虎，意寓着虎虎生威，所以兵符之中，虎符是最多的，兔符比较少见。

在战国时期，军队之间只认兵符不认人，所以发生了“窃符救赵”的故事。但是到了魏晋时期，调动军队虽然依然要使用兵符，但是在使用时增加了一些规定，比如左符与右符必须“符合”，比如一个地方的兵符不能调动另一个地方的军队。这就是专符专用，一地一符。而且，兵符需要和皇帝的诏书一起使用。兵符是发兵信物，诏书是明确受命军官的职权。这样一来，兵符制度得到了进一步完善，再也没有办法只靠偷出右符来调动军队了。只可惜，晋元帝并不用兵符派兵援助闻鸡起舞的祖逖，最终导致了东晋北伐的失败。

8. 书圣的“手迹”

东晋王羲之《雨后帖》

你好，我是观复猫云朵朵。又到了我来给你讲文物了。我来给你介绍一幅书圣的“手迹”——行草书《雨后帖》。

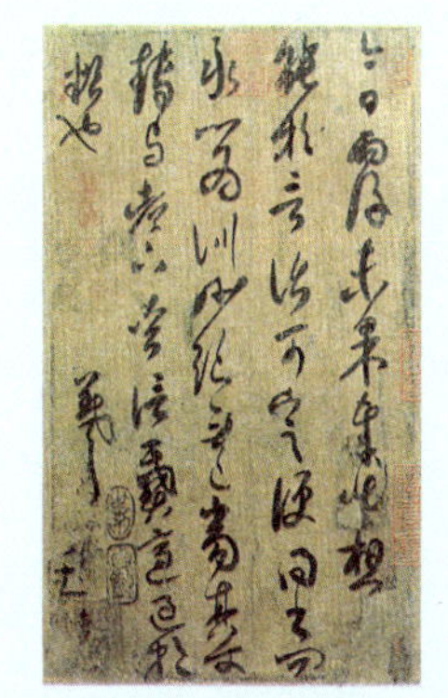

王羲之 《雨后帖》（摹本） 东晋

故宫博物院藏

这幅字帖为纸本，是用行草书体写的一封信札，共计五行四十四个字 。行草书体，是介于行书和草书之间的字体；信札就是古代人写的书信。

因为年代久远，王羲之写的这四十四个字中，有三个字已经辨认不出来了。不能辨识的字通常用方框代替。

行文的内容是：“今日雨后未果奉状，想□能于言话，可定便得书问，永以为训。绝妙无已，当其使转。与都下□信，戴适过于□也。羲之。”因为第一句“今日雨后未果奉状”中有“雨后”两个字，所以这幅字帖就被称为“雨后帖”了。

《雨后帖》里到底说了什么呢？信札只有短短四十多个字，是在一定的情景下书写的。至于为什么要写这些字，却无法考证，所以这四十多个字也就不知所云了。

现存最早的绘画原件，是唐朝的《五牛图》。因为帛纸难以保存，所以《雨后帖》也肯定不是原件。鉴定专家仔细鉴定了这幅信札的纸质，判定这是一种细横帘纹的竹纸。这种纸至北宋才开始书写使用，在南宋普及，所以推断《雨后帖》原文的书写年代，应该是在北宋至南宋绍兴年之前。

书法上的字迹，虽有雄浑典雅之气，但是与王羲之的《兰亭集序》风格差异较大。然而，详细考究书法的运笔、承启、转折等，又有吻合之处。所以，对《雨后帖》的鉴定，也就出现了不同的意见。有人认为这是唐代的摹本，也有人认为这是伪书或宋代临本。

9. 古代给动物喂药的工具

晋青釉灌药器

嗨，这次黄枪枪给你介绍一件古代给动物喂药的工具——青釉灌药器。

青釉灌药器　晋

首都博物馆藏

这个灌药器平底，两头翘起，整体线条流畅，初看起来就像一件乐器。一头有圆圆的肚子，方便手握；上面还有一个可爱的心形开口，方便注入药液；另一头的小口用来灌药。

大人能够克服苦味，只有小孩子才需要灌药。可是，这个灌药器有二十五厘米长，这么大的灌药器可不是给人用的，而是兽医给动物灌药用的兽用灌药器。灌药器平底露胎，胎质灰白，外层施青黄色釉，仔细看还有细小的片纹。因为釉层比较薄，年代久远，釉层已经有所剥落。

给动物喂药，是个很有难度的事情。它不想吃药时，必须按着它，掰开嘴才能灌进去。如果用碗，动物一定会把它打翻，还容易被误伤呢。距今一千五百多年前的古人，想象力很丰富，发明了这种类似于现在用的滴管的灌药器，看起来简单的工具却包含了大智慧。在东晋时期能做出这样的瓷器，真的很了不起。

上海博物馆藏有一件和它一模一样的灌药器，是南朝时代的文物，叫青瓷棒槌形水注。它长十六厘米，做工更精美，外形上还刻有卷枝纹。青瓷棒槌形水注不是兽医用的灌药器了，而是文人雅士的文房用具，写字的时候可以用它滴水研墨，就像花肥肥介绍的蛙形水盂。

外形相似的器物，可以用到不同的地方，看来古人也很会举一反三呢。

10. 金骆驼印章

两晋“晋归义氐王”金印

你好，我是观复猫麻条条，我给你介绍一件黄金做的印章——“晋归义氐王”金印。

“晋归义氐王”金印 晋

上海博物馆藏

这个印是由闪闪的黄金制成的，纵长为 2.25 厘米，横长 2.15 厘米，高 3.2 厘米，重 92 克。这块金印为驼纽，也就是说，印章上端为骆驼形的印纽，印面上阴刻小篆“晋归义氐王”五个字。

古代的玺和印都有纽。东汉的许慎在《说文解字》中写道：“印，执政所持信也。”“钮，印鼻也。”他把印纽比喻成印的鼻子。在纽上穿孔系绳，系在腰带上，这就是古代的“佩印”。这件金印的纽是骆驼形状的，所以叫驼纽。

这个印的印面上是阴刻的小篆字体。阴刻的字是凹陷下去的，阳刻的字是凸起来的。我们现在多用石质的印章，制作时需要选一块质地适中的石头，用一把小刻刀，在石头印面上刻写反向的字，就像制作玉印一样。

这块金印是浇铸而成的，印面是“晋归义氐王”五个字。“晋”是当时的晋朝中央政府。“归义”是慕义归顺的意思，也是中原朝廷对边藩归附行为的赞美。“氐”是少数民族。魏晋南北朝时期，很多北方的少数民族进入中原，比如匈奴、鲜卑、羯、羌，氐族也是其中之一。西晋时期还保持着统一的局面，这块金印是晋廷颁发给氐族首领的官印。东晋以后时局混乱，氐族也起兵造反。淝水之战中，曾经短暂统一北方各民族，建立起前秦王朝的苻坚，就是氐族人。

11. 棋盘上定江山

西晋围棋

这回，蓝毛毛给你介绍古人模拟战争用的棋子——陶围棋盒及棋子。

陶盒内置围棋子　西晋

山东邹城市文物局藏

灰黑色的陶盒里，盛装着黑、白两色棋子。围棋盒是经过拉坯、成型后，直接烧制的普通陶盒，形状为不规则的圆柱体。棋子，是用黑色和白色的石头打磨而成的，形状也不规则，但却透着古朴的气息。

这组围棋有一千七百多年的历史，出土于山东省邹城市的刘宝墓。墓主人刘宝是西晋的高级军事将领、文学家。他自幼聪颖、文武兼备，热衷于围棋这项优雅的博弈活动。这副围棋子，是刘宝生前喜爱之物，因此被放入墓葬中，陪他到另一个世界，继续他的雅好。

围棋是我国最古老的棋种之一，已有四千多年历史。在春秋时期的《春秋左氏传》，也就是《左传》里，已经能找到关于围棋的记载了。围棋博弈以高雅、智慧著称，棋理深奥、变化复杂，双方对抗性强，竞争激烈。围棋集娱乐、锻炼思维、陶冶情操于一体，尤其受到古代王公贵族和文人雅士的喜欢。

谢安生活的魏晋南北朝时期，围棋尤其盛行。从帝王到官吏，再到乡野文人，无不爱好围棋。再加上围棋文雅的对弈方式，谢安才能在前秦兵来袭时，从容不迫地洞察战事和棋局的形势，一举制敌。

你听过“运筹帷幄”这个成语吗？它是指打仗时，在后方制定作战策略。我们也常用来形容围棋的博弈。棋局如战场，每一个棋子都是兵卒，下棋者如将帅，排兵布阵，进攻退守，可谓“棋盘上定江山”。

12. 吐水的神兽

东晋铜鎏金异兽衔杯砚滴

你好，又到花肥肥来给你讲文物故事了。我给你介绍一件会吐水的神兽——铜鎏金异兽衔杯砚滴。

铜鎏金异兽衔杯砚滴　东晋

南京市博物馆藏

这件砚滴呈兽形，蹲踞状，前肢向前伸开，后肢蜷曲地蹲着，张着嘴含住耳杯。它长着猪一样的嘴，小耳朵，长角向后似羊，兽蹄，身上长满羽翼。它的样子就像一只奇异的怪兽。这件物件是给砚台滴水用的。背上的圆孔，是注水的入口。出水则是通过嘴上的小细孔，将水直接滴到耳杯里。砚滴是古代文人的文房用具，出水口小，以便控制砚台上的水量，这样研出的墨汁，才浓淡适宜。

砚和笔、墨、纸并称为“文房四宝”。砚台还有个别名，叫作润色先生，意为对稿件进行润色，和它的作用十分相称。砚滴作为配合砚台使用的小物件，深受文人的喜爱，所以被做成各种动物形状。常见的有蟾蜍、乌龟、羊、鱼，以及这件神兽的样子；另外，还有植物类的，如葫芦、竹笋、仙桃、南瓜等；更讲究的，还有“仙人乘槎（chá）”砚滴，是一个仙风道骨的人乘坐着竹木筏的形象，这个神话传说，源于张华写的《博物志》。

砚滴不仅造型多样，制作材质也很丰富，有陶瓷烧造的，还有用玉石精雕细刻而成的。本文中这件异兽衔杯形砚滴，是用金属铜制作的，表面有鎏金，因此熠熠生辉。

陶渊明是魏晋时期文人寄情于田园的典范，最擅长田园诗、咏怀诗。他写的散文、辞赋中，尤其以《桃花源记》和《归去来兮辞》最为著名。写字作诗，一定离不开文房用具。想必在陶渊明的书桌案头，也放着这样精美的砚滴吧。在每日创作之余，也许陶渊明还会随手拿起来欣赏把玩一番。

图书在版编目（CIP）数据

凯叔讲历史．8，两晋 / 凯叔著．-- 北京 ：中信出版社，2018.7

ISBN 978-7-5086-8945-6

Ⅰ．①凯… Ⅱ．①凯… Ⅲ．①中国历史—晋代—青少年读物 Ⅳ．① K209

中国版本图书馆 CIP 数据核字（2018）第 097355 号

凯叔讲历史 8　两晋

著　　者：凯叔
出版发行：中信出版集团股份有限公司
（北京市朝阳区惠新东街甲 4 号富盛大厦 2 座　邮编　100029）
承 印 者：北京楠萍印刷有限公司

开　　本：880mm×1230mm　1/32　　印　　张：4　　字　　数：65 千字
版　　次：2018 年 7 月第 1 版　　印　　次：2018 年 7 月第 1 次印刷
广告经营许可证：京朝工商广字第 8087 号
书　　号：ISBN 978-7-5086-8945-6
定　　价：24.80 元